中外文**稀有版本**文献

《自然辩证法》

自然辩证法
（新译节本）

【德】弗里德里希·恩格斯 ◎ 著
杜畏之 ◎ 译

前　言

《自然辩证法》基本上由恩格斯于一八七三年至一八八三年期间所撰写，一八八五年至一八八六年期间，又进行了个别补充，并在其完成《资本论》出版的相关工作后，进行了进一步的整理。哲学作为时代精神的精华，既是一种对历史与当下的总结与反思，也是对未来之路的思忖与展望。正如恩格斯在《自然辩证法》一书"总计划草案"中所展示的那样，该书既是对当时自然科学最新成果的总结与概括，也是对辩证法理论的剖析与建构。同时，这项工作是艰难不失的。因此，恩格斯对自然辩证法的关注和研究长达四十年之久，并留下了大量的、丰富的研究成果。虽然《自然辩证法》是一部未完成的遗稿，但却是一部具有划时代意义的著作，是恩格斯关于自然科学和自然界辩证理论的结晶。

一　《自然辩证法》的主要内容

我们所看到的《自然辩证法》的材料有四束，恩格斯在逝世前不久把他有关这一著作的所有论文和札记都分列在这四束里，并冠以下列标题：《辩证法和自然科学》《自然研究和辩证法》《自然辩证法》《数学和自然科学。各种札记》。这里看不出这些材料是按内容划分还是严格按写作时间顺序划分。这四束中只有两束（第二束和第三束）标有恩格斯编的目录，列出了该束所包括的材料。

第一束共一百二十七篇，共由两部分组成：（1）札记，写在有恩格

斯编号的十一张对折页上，其中每一张都有标题《自然辩证法》；这些札记彼此之间有区分线分开，它们都属于一八七三年至一八七六年这一时期，并且是根据它们在各页手稿上编号的次序按年代先后写成的。（2）二十张未编号的单页，每一页都有一个较长或几个较短的彼此之间有区分线分开的札记；其中仅有极少数札记包含有一些使我们能确定其写作日期的材料。

第二束共六篇，包括《关于现实世界中数学的无限的原型》《关于"机械的"自然观》和《关于耐格里的没有能力认识无限》这三个大札记；还包括《〈反杜林论〉旧序。论辩证法》，一篇论文《劳动在从猿到人的转变中的作用》和一个大片断《〈费尔巴哈〉的删略部分》。从恩格斯所编的目录可以看出，这一束本来还包括两篇论文：《运动的基本形式》和《神灵世界中的自然科学》。但后来恩格斯从第二束的目录中勾去了这两篇论文的标题，把它们改列入第三束。

第三束共六篇，包括六篇最接近完成的论文：《运动的基本形式》《运动的量度。——功》《电》《神灵世界中的自然科学》《导言》和《潮汐摩擦》。

第四束共四十二篇，包括未完的两篇论文《辩证法》和《热》；十八张未编号的单页，其中每一页都有一个较长或几个较短的彼此之间有区分线分开的札记；几张数学计算。在第四束的札记中有《自然辩证法》的两个计划草案。这一束札记的写作日期只有极少数可以确定。

从《自然辩证法》四束手稿的内容可以看出，还包含恩格斯原定写作计划之外的一些文稿：《〈反杜林论〉旧序》、《〈反杜林论〉三则注释》（《关于现实世界中数学的无限之原型》《关于"机械的"自然观》和《注释（1），凯库勒》）、《〈费尔巴哈〉的删略部分》、《劳动在从猿到人的转变中的作用》和《神灵世界中的自然研究》等，此外还有几篇短小的札记材料。

一八九五年八月五日，恩格斯逝世，《自然辩证法》后来以手稿的

形式与读者见面，且是一部未完成的遗稿。

二　《自然辩证法》在国外的传播

自《自然辩证法》问世以来，已经被翻译为多种文字出版，产生了巨大而又深远的影响，但《自然辩证法》是一部尚未完成的遗作。在恩格斯生前，《自然辩证法》的材料并未公开发表过。因此，关于其国内外主要版本和传播情况的研究，首先是它的出版。

恩格斯逝世后，马克思和恩格斯的遗稿由马克思的女儿爱琳娜和德国社会民主党中央负责保管。在一八九八年爱琳娜逝世之后，伯恩施坦代表德国社会民主党中央负责处理马克思与恩格斯遗稿。

鉴于伯恩施坦对辩证法的敌视，恩格斯《自然辩证法》遗稿的公开发表，被搁置了。德国社会民主党中央曾委托党员、物理学家列奥·阿龙斯（Martin Leo Arons）去研究马克思和恩格斯关于自然科学和数学的遗稿是否可以发表。阿龙斯到伦敦审读了这些手稿后，认为内容太陈旧，完全不能发表。这为伯恩施坦阻挠《自然辩证法》的发表提供了借口。但事实上，阿龙斯是个坚持狭隘的经验论立场、没有哲学头脑的实验物理学家。因此，在四束内容丰富的遗稿中，伯恩施坦只发表了两篇。一篇是《劳动在从猿到人的转变中的作用》，发表在一八九六年的《新时代》杂志上，且发表时还未说明出处。另一篇是《神灵世界中的自然科学》，发表在《一八九八年世界新历画报》年鉴上，发表时才透露这是一系列关于自然辩证法的完整论文中的一篇。

直至俄国十月社会主义革命胜利以后，俄共（布）中央派马克思恩格斯研究院（成立于一九二一年一月）院长梁赞诺夫前往柏林德国社会民主党档案馆，全面组织马克思和恩格斯遗稿的照相复制工作，才发现《自然辩证法》手稿。

一九二四年春天，梁赞诺夫找伯恩施坦谈《自然辩证法》手稿的出版问题，伯恩施坦才把这部手稿送交爱因斯坦审读，根据爱因斯坦的建议来考虑是否可以出版。爱因斯坦于一九二四年六月三十日给伯恩施坦回复了这样的意见："爱德华·伯恩施坦先生把恩格斯的一部关于自然科学内容的手稿交给我，托付我发表意见，看这部手稿是否应该付印。我的意见如下：要是这部手稿出自一位并非作为一个历史人物而引人注意的作者，那么我就不会建议把它付印，因为不论从当代物理学的观点来看，还是从物理学史方面来说，这部手稿的内容都没有特殊的趣味。可是，我可以这样设想：如果考虑到这部著作对于阐明恩格斯的思想的意义是一个有趣的文献，那是可以出版的。"

因此，由于马克思恩格斯研究院的努力，在恩格斯逝世三十年之后的一九二五年，《自然辩证法》遗稿以德文原文和俄文译文对照形式终于在莫斯科由苏联国家出版社正式出版了。同时，在德国法兰克福由国际出版社出版了德文版。《自然辩证法》的第一个版本，它的编辑、校订和翻译工作都做得比较粗糙。编排次序完全按照写作年代，编者不但不考虑恩格斯自己写的计划草案，甚至还把它们随意删掉，而且还加进一篇不属于《自然辩证法》遗稿的悼念肖莱马的文章。

恩格斯《自然辩证法》的手稿在一九二五年以德文原文和俄文译文对照的形式在苏联第一次正式出版。接着，日文版、中文版、英文版等多种文字的版本也相继问世。《自然辩证法》的出版发行，促进了自然辩证法在世界各国的广泛传播，引起了许多科学家和哲学家的兴趣和关注。

一九二五年《自然辩证法》出版以后，一九二七年和一九二九年又分别再版了德文版和俄文版。这个俄文版也收在一九二八年至一九四六年出版的二十九卷本俄文版《马克思恩格斯全集》第一版的第十四卷中，并于一九三五年分别出版了德文和俄文的单行本。

一九四一年，联共（布）中央马克思恩格斯列宁研究院出版了《自

前言

然辩证法》的新版本。此版本的编辑与梁赞诺夫持完全相反的观点。马克·鲍里索维奇·米丁（Mark Borisovich Mitin）负责编辑出版了这一版。米丁版本修订了一九二五年版的一些重大错误，编辑形式与梁赞诺夫版不同，其主要是根据恩格斯草拟的写作计划草案而不是简单地按照时间次序重新整理了遗稿，并将恩格斯的遗稿，以完成稿的面目予以出版发行。

一九五四年至一九六六年出版的三十九卷本《马克思恩格斯全集》俄文第二版第二十卷（中译本一九七一年出版）中的《自然辩证法》，就是沿袭一九四一年版的。

在日本，恩格斯的《自然辩证法》日译本问世之前，关于自然辩证法的研究工作已经开始。如，一九二六年十月，黑田房雄翻译了恩格斯的《劳动在从猿到人的转变中的作用》；一九二七年由大山彦一翻译的苏联德波林的论文《唯物辩证法和自然科学》在日本公开出版发行，该文的公开发行被视为自然辩证法在日本传播的标志。《自然辩证法》的最早日译本是由加藤正·加古祐二郎翻译的，上卷于一九二九年由岩波书店出版，下卷于一九三二年由希望阁出版。在此之后，还有不同的译本。

一九三九年十月，英国生物学家约翰·伯顿·桑德森·霍尔丹（J. B. S. Haldane）为《自然辩证法》写序，该序言对该著作中的诸多思想进行了评述，并认为自然科学家不能再忽视马克思主义。该序言被收入杜德（Clemens Dutt）所翻译的《自然辩证法》之中。

此外，在德国东柏林马列主义学院和莫斯科马列主义学院的支持下，一九七五年重新开启了《马克思恩格斯全集》（Marx-Engels-Gesamtausgabe，简称MEGA）编辑出版的相关工作；一九八九年后，该工作在国际马克思—恩格斯基金会指导下，由柏林-勃兰登堡科学院继续进行。其中，德国柏林洪堡大学一个多学科的研究小组重新编辑恩格斯的《自然辩证法》，其排序是严格按照年代的顺序进行编排，即按照材料写成的先后次序进行编排。

三 《自然辩证法》在中国的传播

恩格斯的《自然辩证法》作为马克思主义的重要组成部分，于二十世纪二十年代进入我国，并产生了广泛的社会影响。《自然辩证法》的中译本首先是该著作的部分篇章。如早在一九二八年，上海春潮出版社出版了由陆一远翻译的《马克思主义人种由来说》，这是恩格斯的《自然辩证法》中的《劳动在从猿到人的转变中的作用》，这也是恩格斯《自然辩证法》最早被翻译成中文的篇章；一九三〇年，上海泰东图书局出版了由成篙翻译的《从猿到人》，其中包括《人类进化的过程》即《自然辩证法·导言》中的一段，以及苏联郭烈夫的论文《马克思主义观点的达尔文主义》等；一九三〇年，《动力》月刊一卷二期发表了杜畏之翻译的《导言》的全译文，题目改为了《辩证唯物论的宇宙观与现代自然科学之发展》。

《自然辩证法》全书是一九三二年八月由神州国光社出版，翻译者为杜畏之。该版本是《自然辩证法》的第一个中译本。该版本根据苏联一九二五年首次公布的《自然辩证法》德俄对照本译出，但该版本的译者依据自己的主观意愿按照文章的性质对编排次序作了根本性的更动，因此，译本显示出了很大的混乱和任意性。同时，原书编者所写的注释也全被删去。但该版本作为第一个全译本，在二十世纪三十年代到四十年代之间，曾被八次印行，在自然辩证法思想传播中有过较大的影响。一九四九年，译者参考新的俄文版，进行了大量删减，出版了《自然辩证法》的"新译节本"。

第二个中译本于一九五〇年九月由北京三联书店出版，翻译者为郑易里。该版本根据一九三五年的俄译本和一九三〇年的日译本转译，至于编排次序依据的是一九四九年的俄文新版（即一九四一年版）而作了

前言

改动。同样，原书编者的注释也全部未译。

第三个中译本是一九五五年二月人民出版社出版的，翻译者为曹葆华、于光远、谢宁，是根据联共（布）中央马克思恩格斯列宁研究院编、一九三五年出版的《马克思恩格斯全集》德文版和一九五三年的俄译本译出的，编排次序完全按照俄译本（也就是一九四一年版的），俄译本的附注也全部译出。

第四个中译本是一九七一年三月人民出版社出版的，译文由中共中央马克思恩格斯列宁斯大林著作编译局对一九五五年版本的译文略作了一次校订而成，校订所依据的是《马克思恩格斯全集》第二版德文版第二十卷。

于光远等所译编的《自然辩证法》于一九八四年由人民出版社出版，是第五个中译本。这个新译本除了在译文、附属材料、注释、索引等方面作了改进和重新审校之外，还对《自然辩证法》全部材料进行了重新编排。其特点是：按照恩格斯《自然科学的辩证法》的构思来编辑；增加了三篇以前未收入的恩格斯为准备写作《自然辩证法》而作的有关书籍的札记；把马克思恩格斯通信中和在恩格斯其他著作的序言中有关写作《自然辩证法》的文字作为附录；另外有我国学者和出版者作的注释和索引。

在国内，《自然辩证法》既以单行本的方式发行，也以被收录在《马克思恩格斯全集》《马克思恩格斯选集》以及《马克思恩格斯文集》的方式发行。

《自然辩证法》是马克思主义理论的重要文献，是马克思主义哲学的经典著作之一。尽管这是一本最后没有完成的著作，但它涉及人类社会史、科学技术史、工业生产史等领域，涉及自然科学的各门基础学科，涉及哲学的基本原理和各种哲学史问题，具有广泛的知识性、哲理性和实践性。因此，这部文献一经整理出版，就受到理论界、思想界和自然科学界的高度重视，并产生了广泛深远的影响，引发了多方面的理

论研究热情，尤其是受到广大哲学工作者和科技工作者的欢迎，同时，也引起了多种不同的思考与解读。

  为向国内学者提供权威的版本资料，进一步推动《自然辩证法》的思想研究，中央编译出版社此次整理出版了《自然辩证法》在全世界流行较为广泛的德文版和英文版，以及中国出版的第一个中文全译本和它的节译本。如有不当之处，敬请批评指正。

  （本文整理自中央编译出版社二〇一七年出版的《恩格斯〈自然辩证法〉研究读本》一书。）

新譯節本

自然辯證法

恩格斯著
杜畏之譯

文源出版社發行

恩格斯 著
杜畏之 譯

新譯節本

自然辯證法

文源出版社

	新譯節本 **自然辯證法**
作者	恩格斯
譯者	杜畏之
出版者	文源出版社
發行人	葉波澄
發行所	文源出版社 上海復興中路一二五七B號 電話七八四三二

一九四九年十月初版

版權所有

譯者序

十九年前，譯者剛剛脫離了流浪生活，定居在上海，在貧病中接受了書店的委托，從事於自然辯證法的翻譯。這是一九三〇年秋天的事。從十一月起動筆，次年三月完工，大約費了五個月的時間。於一九三二年由神州國光社出第一版。

書的命運並不好，直到一九三七年抗日戰爭發生的時候，第一版還沒有銷完。

七七事變之後，譯者流亡到內地，從此便沒有過問這本書的事。

後來知道，在抗戰期間，在上海，由言行出版社把他再版了。再版書刪去了譯者自己的序，另請一位名叫黃特的先生寫了一篇新序。其實譯者與黃先生是素不相識的。

由內地回到上海之後，看到自然辯證法的俄文新譯本，發現自己十幾年前的譯文有不少錯誤的地方，於是費了不少的時間，加以校正，並刪除不必要的篇章，成為今天這個樣子。

恩格斯這些札記，都是七十年以前寫的。七十年來，自然科學的進步很大，增加的材料很多。札記中有些話或許是不大妥當的；但從哲學上說，就恩氏從自然科學中所抽出的結論說，却是超邁非常的。

— 1 —

中國正在翻開一頁新歷史，新的文化與新的科學必有一回繁榮。希望這本書能作新中國自然科學家的哲學嚮導。

譯者　一九四九年七月上海

目次

	頁數
譯者序	一—二
自然辯證法舊序	一—九
辯證法的一般性質	二〇—二九
反杜林論之附註	二八—四四
辯證法與自然科學	四五—一二三
運動之基本形態	一二四—一四二
運動之兩種尺度	一四三—一六〇

自然辯證法舊序

現代自然科學算是得到了各方面的有系統的發展；現代自然科學和古代的天才的自然哲學的猜謎不同，也和十分重要的蹊徑自闢的而大部份是無結果的亞拉伯人的發現不同，現代自然科學同新時代的歷史一樣佔了一個著名的時代，這個時代，我們德國人稱之為宗教改革（這真是我們沒有法子擺脫的民族的不幸），法國人稱之為再生，而意大利人則稱之為五百年（Cinquecento），其實這三個名稱沒有一個能完全包括他的內容。這個時代是從十五世紀中葉開始的。國王的政權依靠在市民身上擊碎了封建貴族，建立了大規模的，實際上即是民族的君主國；現代歐洲的民族，現代的資產階級社會在這種基礎上得到了發展。這個時候，貴族及資產階級相互間的鬥爭還不十分酷烈，而德國的農民戰爭又預言地指出了未來的階級厮殺，因為在農民戰爭中，不僅有暴動的農民登場——還並不新奇——而且在農民後面還有現代無產階級的第一次露面，手裏打着紅旗，口裏喊着財產公有的要求。在拜占庭滅亡時所救出的手抄本，在羅馬底廢墟裏所掘出的古代雕像，在驚異的西方之面前展開了一個新世界——希望的古代。在現世的影像之前消逝了中世紀的幽靈。在意大利達到了空前未有的藝術之光華；這的確是古典的古代之反照，而且以後的發展也未能再達此種高度。在意

大利，在法國，在德國都出現了新的破題兒的現代文學。英國與西班牙也很快地走到了他們的古典文學時代。大地底舊界限被打破了，只到了此時才發見了地球，才立下了近代世界商業的基礎。敎會底精神獨裁被打破了：日耳曼民族的大部份接受了新敎敎義，而在羅馬民族中，擺脫了亞拉伯人而浸潤於新發現的希臘哲學中的樂天的自由思想漸漸根深蒂固，準備了十八世紀的唯物論。

這是個歷來人類社會中所發生的最大的進步的變革，這時需要偉大人物，同時也產生了偉大人物，這些人物在思想之能力上，在熱情上，在性格上，在淵博上，在多學上都算是偉大的。造成現代資產階級的統治的無論如何都不是那些資產階級蠢才。反之，都是些當代的冒險的脚色。那時差不多沒有一個大人物不作過很長途的遊歷，不通四五國的語言，不弄過幾種創作。里昂那德·達·文齊（Leonard Da Vinci）不僅是偉大的藝術家，而且是個偉大的數學家，機械學家，工程師，他在物理學的各方面都有很重要的發現；亞爾卜列希特·杜烈爾（Albrecht Dürer）是個藝術家，木刻家，雕刻家，建築家，此外他還發明了築城學的系統，其中所包含的理想在很久之後孟達崙拜爾及德國其他最新築城學者才加以發揮。馬奇威里（Macchiavell）是個政治家，歷史家，詩人，此外他還是第一個值得紀念的新時代的軍事作家。路德不但掃除了敎會的積穢，他也打掃了德國語言中的積穢，他創立了現代的德國散文，他製作了許多歌曲，其中充滿勝利的感覺，成了十六世紀的

— 2 —

「馬賽曲」。那時的人還沒有作分工的奴隸，他們的子孫却作了這種奴隸因而常常有低能的小氣的行動。但是他們有個特點，就是，他們差不多全都生活於當代底一切興趣中，參加一切實際鬥爭，他們總要不加入這個黨便加入那個黨，有人用舌頭，有人用筆，有人用劍，有人用這或用那，但總是鬥爭的。因此才有了他們品性之飽滿與有力，所以才從他們中間造成許多完人。書齋裏面的學者在那時只算是例外；這大概是第二流或第三流的人，或是一切老好好的鄉愿，不願意野火燒了自己手指頭。

自然科學在當時普遍革命的環境中發展了，他自身便是個激骨革命的，因爲他在當日還要爲着自己的生存權而鬥爭。許多偉大的意大利人閧鬪了新哲學，他（科學）同這些意大利人一道送了自己殉道者給異端裁判所的火刑場及囚室。很特別地，是新教徒也跟在天主教徒之後來搜捕自由的自然科學家。謝爾維特家（Servet）快要發明血液循環說了，加爾文（Calvin）燒死了他，在燒時還要活烤兩個鐘頭；而異端裁判所對於勃魯諾（Jiordano Bruno）只簡單地燒死便已很稱心快意了。

許多不朽創作之出版實在是一個革命行動，自然科學以此宣佈其獨立性，好像是學步路德焚毀敎皇的諭旨一樣。哥白尼用他的書的出版——雖然是在死後——算是把手套擲給了自然事務中敎會的權威。從此時起，自然科學算是擺脫了神學，雖然對許多個別問題的說明一直延到現在，在許多人心中還沒有弄淸楚。從此時起，科學有了長足的發展，還發展可以說與其從出發點距離（時間上

在發展的當時的初期自然科學的主要任務是怎樣處置當前現有的材料。在各門中都要從頭來。在古代有歐克里幾何，有多祿某的太陽系統；亞拉伯人則有十進數法，有代數學，有現代計數法，有煉金術；基督教的中世紀則一無所有。在這種情形之下，佔首要位置的自然是自然科學中最要素的各門，如地上與天體之力學，及與他並列而服務於他的數學方法之發明與發現。這裏做成了很多大事。這個時期以牛頓與林乃（Linne）為顯著，在這個時期的末期，這些知識部門中有了很顯著的發現。最重要的數學方法在根本上都已經奠定了：主要的是笛卡兒對解析幾何，尼波爾（Neper）之對對數表，萊布尼茨及牛頓之對微積分。同時固體力學也大概是如此，一下子把他所有的規律都闡明了。最後在太陽系的天文學中凱卜萊發現了行星運動法，而牛頓卻說明了物質運動的一般法則。自然科學之別個部門都還趕不上這些。流體氣體的力學只有在這時期的最末尾才有了若干的研究。就嚴格意義上說來，這時的物理學才不過是最原始的階段，而光學却是個例外，光學閃天文學中的實際應用而得到了進步。化學則因燃燒試驗而脫離了煉金術。地質學在這個時候不過於礦物學底胚胎階段，因此還不能够有古生物學。至於生物學方面，主要的是在植物學，動物學及解剖學別是生理學的廣博的材料加以收集及整理，地理分佈及氣候及別種條件之研究，還談不到。這裏只有林乃的研究使植物學及勤物學有了若干的成績，

自然辯証法旧序

然而這個時期亦有個特點，就是形成了一個完整的世界觀，這世界觀底中心是關於絕對不變的自然界之學說。根據這種學說，不論自然是怎樣成立的，只要他是現成存在的，那末，他存在一天，便永遠如此不會改變。行星及衛星，既有一個玄祕的「第一推動力」把他們引入運動，便照着他們的軌道運轉下去，一直到萬萬年，或是到一切東西都完結的時候。星宿們都永遠牢守着他們固定的位置，因「萬有吸引力」而互相維持。地球呢，從皇古以來，或是從創造以來（不論是怎樣創造的）便是如此這般的，一成不變的。現在的「五大洲」是永遠如此的，山陵，谷，江河，氣候，植物，動物都永遠地維持着原狀，除了人為的變動之外。植物及動物底種別在成立時一經固定便永遠如此不會改變，相同的總產生相同的，林乃有時說，因為雜交也常常可以產生新種，還話已經是很大的讓步。人類歷史是在時間之中發展出來的，而自然歷史剛剛相反，一切都維持着太初的狀態，而且一直會維持到世界之末日，就是說，他以後的萬萬年都會維持其太初的狀態。

十八世紀初葉的自然科學雖過了希臘的古代，不論就知識之淵博及材料之整理上來講都是如此，但對於這些材料之觀念上之克服來講，對於總的宇宙觀來講，他却遠遜於希臘。希臘的哲學家以為在實質上世界是從渾沌中產生的，是發展的，是變動的一件東西。而這個時期的自然科學家則

— 5 —

以为是固定的，不变的，而且大半是一次造成的东西。科学还深深地埋在神学中。他在各处等等寻觅，打算找一个最后的原因，自然本身所不能解释说明的外来的动力。如怅吸引力（牛顿很自得地名之曰万有吸引力）是物质之真实性质，那末造成行星轨道的不可解的离心力的源泉又在那里？动植物之无数类别何由而起？特别是人类是怎样产生的？大家都可很坚决的断定他不是本来存在的。自然科学家对于此种问题之解答往往乞援於万物之创造者。哥白尼在这个时期的初叶绝了神学，而牛顿却以神的第一推动力之要求结束了这个时期。这个时期自然科学的最高的总的观念是自然过程底目的性，十足的伏尔佛的目的论（Wolfsche Teleologie）。据这学说，生猫是为着吃老鼠，生老鼠是为着要给猫吃，而全部自然为着是证明造物者底智慧。当时的哲学着实有很大的德性及光荣，他们没有承受当时自然科学底蠢才的观点的影响；从斯宾诺莎起到伟大的法国唯物论者止都很坚定地要在宇宙的本身中来说明宇宙，他以详细证明的工作交给了未来的自然科学。

我把十八世纪的唯物论者也归入这个时期，因为他们所支配调遣的自然科学材料也不过是上面所描写的。康德底画时代的着作是他们所不知道的，而拉卜拉斯（Laplace）离他们更远。可是，不要忘记了，虽然科学的进步完全打翻了这个腐老的宇宙观，而十九世纪的前半期实在还在他影响之下，其实直到目下各学校所教授的还是这些东西。

打在这个宇宙观底坚垒上的第一弹不是自然科学家而是哲学家打的。在一七五五年康德的书

自然辯証法旧序

「大自然史與天論」(Allgemeine Naturgeschichte und Theorie des Himmels) 出版。在這裏取消了第一動力的問題：地球及整個太陽系是在時間的行程中成立的。牛頓以預先警告來表示其自己的恐怖，他說：物理家，你小心著玄學家阿！如果大部份的自然科學家在自己心中沒有感覺到這種危險，那末他們就應當從康德底天才的發現中尋求一點結果，可以節省他們在邪路上無頭無尾進步底胚胎。如果地球本身是個發生的東西，那末他現有的一切地質、氣候的、地理的狀況，他的動物及植物也應當是發生的東西，而他自己不但應在空間中而且應在時間中有歷史。如果照著這個方向馬上開始堅決地工作，則現在的自然科學必然應比現在的有更多的進步。但是哲學那能鬧出什麽結果？很久很久康德底著作沒有發生什麽直接影響。以後的發現鞏固了他的勝利，最重要的發現是恆星自轉底確定，而造成了「星雲假說」的勝利之後，拉卜拉斯及侯失勒 (Herschel) 發展了充實了他的內容，宇宙大空中有阻力物質之存在底證明，用光線分析確定了宇宙物質之化學共同性，而火質的雲霧大塊之存也一如康德所想像。

現在還有個可以懷疑的地方，就是自然是自存，自在，自生，自滅，假若沒有別的東西來幫助這種新生羞的見解，則自然科學家是不是會想到兩個學說中的矛盾呢，一個說變動的地球，一個說地球上面的不變的有機體。地質學成立了，他不但要說明現存的，在形成時一個比一個晚，在排列

— 7 —

上一個在一個歷史上的地質層，並且要研究各層中所保留的死動物底甲殼及骨頭，及地上不再有的植物之幹，葉及果實。到這時就不能不承認，不但整個地球，而且地面及其上面的動植物都在時間中有歷史。在一開始這種承認是不容易的。居維（Cuvier）關於地球革命的理論，只在口頭上是革命的而在實際上卻是反動的。他擯棄了神造說而以許多類似的創造行動，從神蹟中製造了自然底真實本源。只有雷爾（Lyell）才把一種健康的思想引入地質學，他捐棄了突然的，由造物主一時興發所引起的革命，而代之以地球慢慢形成底漸進動作。

雷爾的學說同有機種類不變說比從前的學說更難調和。地球表面漸次形成及其生活條件漸次形成底學說必然直接地引向有機物體漸次形成的學說，引向對變化的環境之適應說，引向物種可變說。但是傳統思想不但在天主教會中，即在自然科學中亦有力量。雷爾自己在很多年中沒有發覺了這種矛盾，而他的一些學生更差。只有用當時自然科學中底分工來說明這種現象，每人都自限於其專門的知識部門中，沒有人夠融會貫通顧到全體。

然而物理學中發生了很大的邁進。在物理學中有名的一八四二年，三個人同時做了一個結論。梅葉爾（Mayer）在海德爾堡（Heidelberg），朱爾（Joule）在曼契斯特證明了熱能變作機械力，而機械力能變作熱。熱之機械力等量之確定打消了這個問題底一切疑問。同時格羅夫（Grove，並不是一個職業的自然科學家，他是個英國律師）把當時堆積的物理材料略加整理與研究之後就證明了

— 8 —

一切所謂物理力者——如機械力，熱，光，電，磁，及所謂化學力——在某種條件之下都能互相遞變而無所耗失，這樣子，用物理學的方法也可證明笛卡兒學說之正確，他說宇宙中運動之數量是不變的。因此，各種物理力（即所謂物理學中的不變「類別」者）都不過是等差的，依某種規律而互變的物質運動之形態。在科學中擺脫了物理諸力各種數量之偶然性，因爲已經證明了他們相互的關係及變通。物理學同天文學一樣走到一個不可免的結論，動的物質之永遠的周轉成了他們最後的結論。

拉瓦謝（Lavoisier）特別是道爾頓之後的化學之飛快的發展另外地破壞了舊的對自然的觀念。用無機的方法來造成有機體中的化合物證明化學的定律不但適用於無機體，而且適用於有機體，向來的直到康德之後還存在的有機與無機中間之鴻溝算是填平了一部份。

最後，地質學的研究在上世紀（十八世紀——譯者）中葉開始了有系統的，有組織的科學旅行與攷察，在全世界的歐洲殖民地上都有那裏特養的專家來作精確的研究，同時古生物學，解剖學，及生理學都有了很大的進步，特別是顯微鏡之系統的運用及細胞之發明，由此種種積壘了很多材料，使比較研究法之應用成爲可能的而且是必要的。同時因爲有了比較自然地理學，所以就確定了各種動植物之生活條件，對於各種有機體的相同器官都有了比較的研究，這不但對成年如此，對於生命發展之各段都是如此。此種研究越是深刻越是精確，固定的有機自然界的傳統形式越是難於維

持。不但很斷然地消滅了有機無機之差別，而且發現了一種動物如 Amphiaxes 及 Lepidesiren 兩物質在是超出了過去的一切舊的種類，他們是一種有機體但是不歸入而且不能歸入動物或植物。古生物學紀年中的空白多多少少填補了一些，因此使最頑固的學者都要承認有機世界全體的發展史及每個有機物的發展史之間存在一種可驚的平行發展，還是一條阿利亞特尼（Ariadne）的線可以引導動物學及植物學出離多年迷失的迷宫。很特別地是康德出來攻擊太陽系永恆說的時候，差不多是同時，在一七五九年，吳爾夫（Wolff）出來對物種不變說施行第一次的抨擊，而公佈了他的發展說。但是，這在他不過是一種天才的卓見，後來到了奧根（Oken）拉馬克（Lamarck）及拜爾（Baer）手裏才有了較為具體的形式，而在一百年之後，在一八五九年才被達爾文勝利地引出。原生質與細胞本來是久已被人承認為一切有機體的最後組成要素，現在同時被人承認了他們都以最下級的有機形態而獨立生存着。因此，有機與無機中間之鴻溝差不多已經小到最低限度，而用發展的方法來研究有機體發生之最重要的障礙算是掃清了。於是近代世界觀之基本諸點已經齊備了。一切永恆的解體了，一切堅固的蒸發了，一切所謂永久的都是可變的，而整個的自然界亦存身於永久的急流與旋渦中。

"現在我們回來看看希臘哲學底偉大的開創者的概念，他們說，從最小的分子到最大的大塊，小自一沙粒大至太陽，自蚊蚋至於人，總而言之，全部自然界都存身於永恆的生與滅，不斷的川

— 10 —

流，不停的運動及變化中。然而在古代的希臘不過是個天才的謎語，而在現代卻是嚴格科學的經驗的研究之結果，因此有了更固定更清楚的形式。的確，此種流轉之經驗的證據還難免有許多空白，但是空白已經比較少，而且這空白也一天一天被填補起來了。不要忘記，科學之主要部門如星宿天文學，化學，地質學才不過有一世紀的歷史，生理學中之比較方法才不過五十年，而一切生命發展之根本形式，細胞之發現才不過四十年。」

旋轉的星雲，其運動之規律要經過很多世紀的時間來觀察星宿的自轉才能知道，這些星雲中間因冷却及消滅產生了許多太陽，及我們的太陽系，我們的太陽系則限制在最偉大的星環——銀河之中，那是個宇宙的星羣。很顯然地，這種發展並不是在各處都用同樣的速度。天文學現在不得不承認在我們的星系中有黑暗無光的非行星體存在，即無光星的存在。同時（根據賽奇 Secchi）我們星系中的雲霧體是還沒有成功的太陽，而據梅德萊說，這些星雲是很遠的獨立的宇宙星羣，而其發展的程度要用分光鏡來決定。

拉卜拉斯用很詳細的，空前絕後的方法說明了怎樣從星雲中發展了太陽系，最新的科學不過證明了他的思想而已。

在最模範的個體中——在太陽，行星，衛星中——最初充滿着一種物質運動的形態，我們稱之曰熱。在那種溫度之下，如現下的太陽一樣，談不到原素之化學的化合。更進一步地觀察太陽使我

們知道熱能變成電與磁；現在差不多已經十分肯定了，太陽上面所發生的機械運動，他的唯一的來源是熱與重之鬥爭。

單個的星體越小則其冷却愈快。開始冷的是衛星，流星，隕石…我們的月亮早已滅了。行星冷得較慢，而中心的大星冷得更慢。

隨着漸進的冷却，首先開始了五相變通的運動之物理形態的五相作用，最後到了某一點時，開始分成各種化學原素，化學上無差異的原素相互分化起來，每個得了一種化學性質，而可以互相化合。此種化合隨着溫度之降低而變化。溫度之變冷不但影響於每一個原素而且要影響他們的化合物，隨着這種變化，氣體變成了液體，液體又變成固體，因此就造成了新的條件。

當行星得到一個硬殼時，他的表面就慢慢地積着了很多水，到了這個時候，他本身的溫度同他從中心星所取得的溫度比較起來，就慢慢地減少了作用。於是他的氣圍就成了隕石的活動場。用現在的話來講，行星的表面成了地質變化的場所，在表面上形成了大氣圍，他的比重慢慢地增加了，而地心火液對表面之作用則慢慢減少。

最後，溫度降低到了某種程度，——最低限度在地面之某一部——超過了一定的界線，到這時蛋白質已經能够存在了，而在適當良好的化學條件之下，就形成了原生質。直到現在我們還不曉得這種適當的良好的先決條件怎樣。這個並不奇怪，因為直到現在我們還不曉得蛋白質的化學公式，

自然辯証法旧序

甚至不曉得在蛋白質中有幾種化學原素。差不多在十年之前我們知道了完全不成形的蛋白質具有一切生命作用，消化食物，排洩，運動，消耗，對刺激的反動，繁殖。

不曉得過了幾千幾萬年，造成了一種條件使此過程能够前進一步，於是從這無形態的蛋白質中，因核及膜的形成而產生了第一個細胞，隨着第一個細胞立下了有機世界形態組成的基礎。根據古生物學的紀年的材料，我們可以假定最初產生的是各形各色的無細胞的或是有細胞的原始的植物與原始的動物。從原始的動物中經過更多的分化產生了綱目科屬種的分類，最後產生了一種動物，到了發展完滿的時候，產生了神經系統，特別的是脊椎神經，而最後，經過了脊椎神經，大自然就認識了自己——就產生了人。堪那登斯（Canadense）告訴我們這些東西。從這些原生物中慢慢地分化出了原始的動物（Protist），

人是由分化產生出來的，這分化不但有個體的意義，由單細胞變到自然界中最複雜的有機體；而且有歷史的意義。經過了幾千幾萬年，兩手才從脚中分化出來，才有直立的行走，從此人才同猿猴分途，從此才建立了語言發達及腦筋大大發達的基礎，而且因為有了腦子及語言的發達所以才形成了人與猴之間的不可渡越的鴻溝。因為手的特殊作用發達了，所以才出現了工具，工具可說是人的特殊的行動，人對自然發生了作用，這就是生產。動物也有工具，但只在很窄的範圍內，他只能以其身體之一部作為工具，譬如螞蟻，蜜蜂，水獺等等；動物也生產，可是他們對周遭自然界的生

產作用只等於零。只有人才能夠對自然留得一點痕跡，他們不但可以移植動物與植物，他並且可以改變其住處的氣候與形式，他並且可以改變植物與動物，他們行動的結果只有到地球死滅時才會消滅。

他之所以得此，首先的主要的是因為有手。蒸汽機在現在算是最有力的改變自然的工具，但最後還是要用到手。而跟着手的發展又發展了頭，產生了意識——在開頭時不過是些有益的實際的行動之條件，後來在條件良好的民族中慢慢認識了決定這種有益的行動的自然的法規。一方面增加了對於自然規律的認識，一方面跟着就發展了支配自然之方法。人不只在手的幫助之下創造了蒸汽機，假若腦筋不跟着手的發展而發展，則這還是不可能的。

我們以人的資格走入歷史。動物亦有歷史，就是他的發生及慢慢進化到現在狀況的歷史。但是這歷史只經過他們，爲着他們，而他們自己也親身參加的，但是却不依照他們的知識及希望。人離嚴格的獸越遠，就越能覺到自己的歷史，不能預見的因子及不能節制的力量對歷史的影響就愈小，而先定有目標的歷史行動亦越能得到較多的符合的結果。如果我們以這種規模而研究人類的歷史及現代最發達的民族的歷史，則我們可以看到立定的鵠的及得到的結果之間還有很多大的不調協存在，這不可預知的勢力還依舊統治着，不可節制的力量比起運動中有計劃的力量還要大得多。這是沒有辦法的，人類最重要的歷史活動，人類以之脫離禽獸的活動，這種活動組成了人類一切別種活

動的基礎，這滿足人類生活需要的生產，到了現代就是社會生產，當這種生產還是不可節制的力量之不可預見的行動之盲目的遊戲時，當人類所立定的目的之實現只是一種例外或是結果完全相反時，總是如此的。在最進步的工業國家裏，我們可以克服自然的力量使他服務於人類。但是這種生產擴大無限制的擴大生產，而到了現在一個小孩子做的事都比過去幾百個成年人做得多。大的結果如何呢？剩餘勞動的增長，貧困的增加及每十年一次的大破壞。經濟學家宣揚自由競爭與生存鬥爭為最偉大的歷史勝利，而達爾文却證明了這些東西是禽獸世界的常態，常他這樣做時，他即社會生產的自覺的組織才可以使人在社會關係上超越其餘的禽獸，這他自己也知道。只有有計劃的生產與有計劃的消費給人類特別是他的同鄉開了個頂苦辣的玩笑，這他自己也知道。只有有計劃的生產與有計劃的消費舉到特殊的意義上。只因為有了社會發展，所以才使這種組織一天天有可能。從此開了一個新的歷史時代，在這個時代中，人類的各種活動特別是自然科學都有了很大的進步，一切過去同他比較起來都不過是個陰影。

一切生的都要滅。過去的幾百萬年幾千幾萬代生了滅了，時光毫不姑息的前進，當太陽的熱力窮盡時，兩極所堆積的冰必然會散佈開，那時密集在赤道上的人類必然也有人工取煖的必要，那時的大地成了冷却的死了的球，同月亮一樣，那在他有機生活的最後殘跡也必然會慢慢地消滅，那時將在死了的太陽之周圍循着一天比一天短的軌道在深窈的黑暗中運轉，最後便落在太陽上面。別的

— 15 —

行星也要遭受同樣的命運，有的比地球晚，有的比地球早，一個冷的死的球繼續着在宇宙太空中很單調的行走，代替以前的調協地多元的，有光的，有熱的太陽系。我們太陽系遭際此種命運，我們宇宙星海中無數的別的系統也將遭受同樣的命運；有些星，當人類存在還有眼睛能夠看到他們的光時，他們的光還沒有走到地球，但是他們也逃不了這種命運。

當這些太陽系完結了這些生命之環而遇到了固定的命運時，當一切都是犧牲的死滅時，以後怎樣辦呢？太陽體是不是會以簡單的大塊在無窮的太空中滑溜，難道以前的各形各色的分化出的自然之力會變成永遠一成不變的運動的唯一形式——引力麼？賽奇（Secchi）曾問過（八一頁）「或是在自然中有一種力量能夠把死了的系統恢復到火熱的星雲的原始狀態，能夠喚起新的生命？我們不能知道」。

當然我們不會曉得，正如我們不曉得二乘二等於四是爲什麼，不曉得爲什麼物體之吸引力同物體距離之二次方成反比例。在理論的自然科學中，力求把自己對自然的觀念統一成爲調和的整體，沒有這東西連近代最有辦法的實驗的理論都不能前進一步，我們時常要乞靈於不全知的數目，而邏輯及思想之徹底性底應當經常的把知識之空白處填補起來。現代的自然科學必須從哲學那裏借來運動不減說，不然他便不能存在。但是物質的運動不但有一種呆板的機械運動，不但有簡單的位置移動；物質的運動有熱，光，電的及磁的引力，化學的化合及分解，生命及最後的意識。假如說物

— 16 —

質只有一次，同永恆的時間比較只有很有限很有限的一其短期中可以分化成為各種形式，以後就要把運動底一切豐富形式交還，而自己永遠以簡單的位置移動為滿足，這等於說物質是死的而運動是無常的。運動不滅說不但要從數量的意義上同時也要從性質的意義上去了解他。物質——他的機械的位置移動雖然在某種合適的條件之下也可以變作熱與電，化學作用及生命等等，但是他自己不能夠產生這些條件——這種物質只能自消耗於運動之中：運動——假若不能變作他本身所蘊含的幾種形式，這種運動雖然有動力（Dynamik）却沒有能力（Energie），這樣就會消滅一部份。但是這兩種情形都是不可想像的。

可是無論如何有一點是無可懷疑的，就是有一個時候我們的大宇宙的物質把很多運動變作了熱，他的數量到現在我們還不知道，不過據梅德萊爾說，最低限度從這些運動中可以產生二千萬個太陽系，這些太陽系當然早晚是要消滅的；這是我們堅決地相信的。究竟怎樣變的呢？我們所知道的同樣奇一樣地少，將來的我們太陽系的殘骸是不是會重新變作原料以準備建造新的太陽系。對這個問題我們或是不得已而乞靈於造物者，或是做一個結論說，製造我們大宇宙中的太陽系的火熱的原料是用天然方法發生的，用運動轉化的方法，他出於自然底運動的物質，雖然幾千萬萬年之後，雖然以多少偶然的形式，但必然有這個時候。

現在我們應當一天一天地更要承認這種轉變底可能。一般學者都不得不相信，星宿之最後命運

是互相碰擊，他們必然排洩出很多熱力，這是在這種衝突之下必然會產生的結果。天文學所通知的新星之突然出現，及許多熟知的舊星之突然地增加了光明，都很易拿來證明此種衝突之假說。在此時不要忘記了，不但我們這一羣行星繞着太陽轉，而我們的太陽也在大宇宙星羣中移動，而我們的全宇宙星羣又要在宇宙太空中移動，他要同別個宇宙星羣維持一種暫時的相對的均勢。因為，即令明，在宇宙太空中各處的溫度並不是一致的。最後我們知道除了極少數的運動中才能存在。這宇宙星羣中之無數太陽之熱力都消滅在太空中，但還很難增加太空溫度攝氏寒暑表百萬分之一度。這些大量的熱力以後的遭遇究竟如何呢？是不是葬身於烘煖太空之嘗試中呢？是不是實際消滅而只因為增加比零大一點的溫度，是不是只在理論上存在於這個事實中呢？這種理論斷等於否認了運動消滅。這替一種假說開了門，這假說認為，一切實在的機械運動都變成了熱，這些熱將消散於宇宙太空中，因此雖然「物力不滅」，但所有的運動卻會停止（因此可見，用物力不滅一語代替運動不滅一語是何等的不成功）。我們由此可得到一個結論，消散在太空中的熱力將在這種形態中重新積紥（這種方法只有將來的自然科學才能知道）轉變成運動之別種形態，熱力將在這種形態中重新積紥起來，重新發生作用。在這種情形之下，那死了的太陽們便會返轉來變成火霧，這問題之主要困難都沒有了。

然而，宇宙在無窮的時間內永遠重複著繼續出現不過是在無限太空中有無數宇宙同時存在一語的邏輯推論：連楊克（美國人——譯者）德拉派爾（Draper）底反理論的腦筋都不能不承認這個斷語之強制的必然性。

物質在永久的流轉中運動，這流轉在漫漫的長時中完成其拋物線的運動，其時間之長，我們地球上的年份是不能作單位的。在這流轉中，最高的發展物所佔的時間：有機生命，特別是自覺存在物之生命所佔的時間，其小得可憐等於這些生命及自覺所佔的空間；在這流轉中，一切物質存在底個別形態——不論是太陽或星雲，一個動物，化學的化合或分解——都毫無差異地，一樣地是無常的：這其中沒有永住不滅的東西，除了那永遠變化永遠運動的物質及這運動與變化之規律。但是，不論這流轉怎樣屢次地在時與空中完成；不論有幾多太陽幾多地球生與滅：在某一個太陽系內某一個行星上會出現一種有機生活的必要條件；不論在有能思想的腦筋的動物出現以前有幾多種類動物會發生而又死滅，而這些能思想的動物又只能於極短期間存在於適合於他們生活的條件之下，而以後還要毫不慈悲地滅絕——不論如何，我們總相信，物質在其一切變化中還是永遠如此的，他的德性沒有一個會消滅，因此他在地球上所射出的最高光芒——思想的精神——雖然會以鐵的必然性而消滅，但是他也會以同等的鐵的必然性在另一時間內在另外一個地方將這光芒重新產生出來。

辯證法的一般性質

以辯證法爲關係的科學，而發揮其一般的性質，與玄學對立。——

由此看來，辯證法的定律是從自然史與人類社會史中抽引出來的。然而他們並不是別的東西，不過是這兩種歷史發展及思想發展之最普汎的定律，老實說來，他們應總結爲下面三個定律：

從數量到性質，與從性質到數量的轉變之定律。

對立互相溶調之定律。

否定之否定的定律。

黑格兒在他的唯心論的容態中把這三個定律發揮成爲思想之簡單定律：第一個定律在邏輯之第一部，在談存在時；第二個在邏輯之第二部，也是最重要的一部，在談實質時；而第三個則爲其全部思想系統中之根本定律。他的錯誤在乎不從自然與歷史中抽引出這些定律，而只把他們作爲思想之定律。由此出來一個糊塗的，甚至可怕的結論：世界（不論他願意不願意）應與邏輯系統相符合，其實所謂邏輯系統也不過是人類思想發展某一階段中之產物而已。如果我們能把這種關係扭轉過來，則一切都很明白易解，而在唯心哲學中好像極端神祕的辯證定律也會馬上變爲簡單的明

辩证法的一般性质

但是，凡是稍稍讀過點黑格兒著作的人都曉得，黑格兒會由自然科學與歷史中引出千百可驚的例證以確定其掃證定律。

我們並不準備寫一本掃證法的巨著，我們只希望指出掃證的定律是自然發展之眞實定律，其在理論的自然科學中也是眞實的。因此我們不再來談論這些定律之內部關係。

（一）從數量到性質與從性質到數量的轉變定律。為着說明這個定律，我們可用下面的話：在自然界中，要發生性質的變化（每次都有特殊的原因），除非是經過數量的遞加，或是物質的數量遞加，或是運動的（所謂能的）數量遞加。

在自然界中一切性質的差異，或是基於化學成份之不同，或是根據運動（能）之不同數量與不同形態，或根據兩者——實際上也往往如此。這樣子，無論何種物體，假若他沒有物質之增加與減少，假若他沒有運動，即是沒有數量的變化，他便不能有性質的變化。黑格兒神祕的命題有了這種形態之後，不但得到了合理的形式，而且完全清楚了。

其餘各形各色的物體之綜合狀態或同素異性狀態（這完全由於分子組合之不同），也依據於這種物體之運動量之多少，這也是不用再解釋的。

然而運動，即所謂能，其形態之變化又如何解釋呢？我們可以把熱變成機械運動，反之也可把

— 21 —

機械運動變成熱，此時性質是變了，但是數量却依然如故。這是不錯的，說到運動形態之變化時，我們可以引用海湼論罪過的話：善行可以自己賞出，但是說到罪過，則必需有兩個人。運動形態之變化是個過程，這過程至少要發生在兩個物體之間，其中有一個物體必然失去某種性質運動（例如熱）之固定數量，而另一物體則取得另一種運動（如機械運動，電，化學分解）之相等量。因此，在這裏，性質與數量是互相符合的。現在我們所說的只限於無機物體。這種定律也可同樣地施用於有機物體，然其情形却異乎前者。

運動變成另一種形態之運動。到現在還不大能够進行其數量的測計。

我們試舉任何無機物體，我們盡量地把他分割成為細小的部份，仍看不到任何的性質的變化。但是這種過程也有一定的邊際。例如我們在蒸發的時候可以求得分子，此時我們還依然可以繼續分割他，然而却會來一個完全的性質變化。分子分解成為個別的原子，其性質完全異於分子。分子是由不同的化學原素所集成，其成份為原素之原子或分子。而原素分子之成份則為自由原子，其行動之性質完全異乎前者。例如，在發芽態度中（In Statun scendi），酸素（即養氣，即氧——譯者）之自由原子永遠不會同空氣中酸素之原子結合為分子。

而分子，他與他所隸的體塊（Körpermass）也有性質上的不同。當這個體塊靜止不動的時候，分子可完全不依賴於這體塊而自成其運動；他又可自作熱的振動；他能因與鄰近分子關係之變化而

產生另一種綜合狀態或同類異性狀態的物體。

這樣，我們看到，純數量的分割也是有止境的，到這止境時就會產生性質的差異。體塊是由一種分子組成的，但是他在本質上異於分子，亦猶分子之異於原子。正因有此種差異，所以力學才能分化出來，成為關於天體與地上體塊的科學，脫離了分子力學——物理學——化學。

在力學中我們看不到任何性質，無論在何種情形之下，如均衡，運動與勢能等等都基於運動之可量的變動，因此就可用數量的方法來表現。因此，如果此處發生了性質的變化，也必然決定於相符合的數量的變化。

在物理學中，我們把物體看作化學上無變化與化學上無差異的東西。我們在這裏只能談到分子狀態之變動，運動形態之轉變，這兩種情形必有一種，然後分子才能運動。在這兒，一切變化都是由數量到性質之轉變，都是因為這物體有了數量的變化，或是承受了某種形態的運動之一定數量的作用。「例如，水的溫度，在一開始的時候，對他的液體狀態並不發生任何作用；但是如果增加或減少這水的溫度，則必然會來一個狀態變化的時刻——或是變成水汽，或是變成冰。這樣，必須有若干最低限度的電流才會使白金絲發光；每一種金屬品都有其自己的鎔化溫度；任何一種液體，在固定的壓力之下，都有其自己的冰點

與沸點（假若我們能够用我們現有的方法求得適當的溫度）。這樣子，在最後，每一種氣體都有一種危機點（Kritlschen P.nkt），到了此點時，在某種壓力某種加冷之下會變成液體。總而言之，所謂物理學的常數（Konstante）也者大都不是別的東西，不過是交點（Knotenpunkt）之另一稱呼；在這交點上，運動數量的增加或減少會引起相當物體之狀態上的性質上的變化，當然在此種狀態之下，數量就轉變成爲性質。

黑格兒所發現的自然定律在化學的領域中也取得了大大的勝利。化學這門科學研究的是在數量成份變化之下的物體之性質的變化。黑格兒自己已經曉得了這一點。例如酸素，假若他不是照常地由兩個原子組成分子，而由三個原子組成分子，那末我們就得到了一種臭氧（Ozone）：這個物體的氣味與行動都十分疑乎普通的酸素。至於比例不同也會產生差異。例如酸素與窒素化合或與硫磺化合時，如比例不同，則會產生性質上完全相異的物體。例如笑氣（一氧化氮 N_2O）與無水硝酸（Salpetersäureanhydrid）即五氧化氮 N_2O_5，即所謂王水或硝强水——譯者——之區別是何等地大！在普通溫度之下是堅固的結晶體！而二者中間尚有別種硝酸第一種是氣體，而第二種呢——，即後者的酸素比前者多五倍而已：在這兩者中間尚有別種硝酸上的一點差異，而其相互間也自有差異。

在炭素化合物又與前兩種幾種硝酸的對稱組中，特別是在最簡單的炭水化合物中更可以證明這一點。在普通膠質中

辯證法的一般性質

最簡單的是沼氣（Methane 即一炭矯質，又稱甲烷——譯者）CH_4。在這裏炭素原子有四個單位，每個都伴着四個水素原子。第二種膠質爲二炭矯質（Aethan，乙烷）C_2H_6——這裏兩個炭素原子是結在一起的，而六個水素原子則成爲六個自由單位。以後我們又看到 C_3H_8,C_4H_{10}——總之，用代數的公式來寫就是 C_nH_{2n+2}。這樣，CH_2 組中每次的遞加都會造成一種性質上與前物體根本差異的新物體。此組中的最下三員，爲我們前面說過的十六炭矯質 $C_{16}H_{34}$（十六烷），這是一種固體，其沸點爲攝氏溫度表二百七十度。從膠質造成的酒精，其公式爲 $C_nH_{2n+2}O$，及一基脂肪酸（公式爲 $C_nH_{2n}O_2$），關於這兩種東西，我們都可用同樣的說法（理論上）。究竟 C_2H_6 數量的增加可產生何種性質上的差異，根據下面的試驗可以知道：試吃一種供人飲用而沒有滲雜別種酒精的葡萄酒 C_2H_6O，下次則吃同樣的葡萄酒卻滲上一些戊醇（Amylalkohol）$C_5H_{12}O$（這是酸化醇油的基本成份）。到第二天早晨，即便會覺到不大好過，而且會覺到這兩次的飲酒不很相同，而且可以說，因爲加了戊醇，所以才有微醺及繼之而來的酩酊大醉：這也是由數量到性質的轉變：一方面是葡萄酒，而另一方面則添上了 C_3H_6。

在這一組中，黑格兒的定律還能以別種形態出現。這組中的最下諸位只能有一種，唯一的，原子之相互排列。但是，如果組合於分子中的原子數在每組中達到某種限度時，則分子中原子之組合會有好幾種方式，會有兩個或多個不同的等價元（Isomerien）。在同一分子中含有 $C_4H_{10}O$ 相同的原

— 25 —

子數，但是在性質上却互相差異。譬如在膠質組中 C_4H_{10}，有兩個等價元，而 C_6H_{10}，則有三個等價元……在高級各員中等價元的數目增加得很快。這樣子看來，又是分子中的原子的數量決定了此種性質不同的等價元的可能，而且決定了他的真實存在——實驗這樣告訴我們。不寧唯是。在這幾組中我們已經認識了許多物體，照此類推下去，我們可以算出這幾組中未知各員之物理性質，而且可以十分自信地預測其屬性，如沸點等等（至少對於已知各員後面物體可以知道）。

最後，黑格兒的定律不但可用於複雜物體，而且可用於化學原素的本身。我們現在知道，「原素之化學屬性是他原子量之週期作用」（羅斯高——紹美萊爾：「化學大講義」第二卷八一三頁），這已經很漂亮地證明了。曼德列夫告訴我們，在依原子量而排列的原素之各族中還有許多空白，這空白表示，這裏還應當有新的原素發現。他預先描寫了一個未知原素的一般化學屬性（曼氏稱之為亞鋁，因為在排列中，他緊隨鋁後），並預言其大約的比重，原子量與原子積。不多年之後，列攷克·德·布瓦保德蘭（Lecog de Boisbaudran）眞的發現了這個原素，而且曼德列夫不自覺地應用了黑格兒數量變性質的定律，謬誤很少，亞鋁體化於鎵（Gallium）可比屑於列維里的發現——他計算出了未知行星海王星的軌道。

中了（同書八二八）。曼德列夫不自覺地應用了黑格兒數量變性質的定律，完成了科學的大功，可比屑於列維里的發現——他計算出了未知行星海王星的軌道。

在生物學中，在人類社會的歷史中，也逐步的證實了這條定律，但是現在我們只舉出些精確科學中的實例，因為在這裏數量是可以知道的，而且可以精確測量的。

有些先生們，他們以前把數量變性質的定律看作神祕主義，或不可解的超絕主義，現在却不得不承認他是不難自解的，平平常常的，明明白白的真理，而且可以吹牛說是他們久已採用了的，因此也不是什麼新鮮玩意兒——這事情是可能的。自然發展，歷史發展與思想發展的總定律算是第一次被人們確定為公認的原則，這個事實永遠有世界史的意義。這些先生們在多年中讓數量變成性質，但是自己却不曉得做了什麼事情，他們最好去找莫利哀的人物儒爾丹（Jourdain）去共鳴得意，因為這位先生終身掉文，却不懂得掉的是什麼東西。

反杜林論之附註（一八七八年）

一 論數學的「無限」在實際世界中的原型

（附在十七十八兩頁：思想與存在之符合。——數學中的無限。）

有一個事實，就是我們的主觀思想與客觀世界都受同一定律的支配，因此，他們無論如何不能互相矛盾，而應當互相符合，這個事實的絕對力量支配了我們的全部思想。這個事實是我們理論思攷之不自覺的，不可缺少的前提。十八世紀的唯物論，因為在實質上是玄學性的，所以只就這前提的內容為觀點去研究這前提。他們只去證明一切思想與一切知識之內容都應該從感覺經驗中產生出來，他恢復了一個舊的論斷：凡不存在於感覺中者亦不存在於理性中。只有現代唯心論的——同時也是辯證法的——哲學，特別是黑格兒，才從形態（Form）的觀點上去研究這個前提。雖然這個哲學系統有無數的胡鬧而空想的建造，雖然他的最後之果（思想與存在之合一）是採取了上下倒置的唯心的形態，然而我們却不能否認，這個哲學從各形各色的知識部門中收集了很多的例子來證明思想過程與歷史過程及自然過程之類似，反之亦然，證明同一的定律能支配這些過程。而另一方面，現代的自然科學已經把思想之全部內容之經驗的起源大大地展開了，以至衝破了舊玄學之藩籬與規

機。自然科學承認了後得性之遺傳，擴大了經驗的主體（Subjekt），使之不爲個體而爲種屬；並不一定每一個個體都必然要有經驗；他的無數前代所留下的經驗之結果可以相當地代替他自己的經驗。現在我們的八歲小兒不要經驗的證明就能了解的數學公理，實在是代代相傳年積世累的結果。野人或是海洋洲的黑人雖經過證明也還是很難了解這些公理。

在現在這本書（反杜林論）中，要把辯證法看作一切運動之最一般定律之科學。這就是說，他的定律不但能施用於物理世界與人類歷史的運動中，同樣也可以施用於思想之運動中。這個定律可以立足於這三部門中之兩個部門上，甚至可以立足於全敷三個部門之上，然而陳腐的玄學家卻看不出這裏只有一個定律。例如：十七世紀的下半期發現了無限小的計算法（即微積分），那時人都把這個發現高高抬起，認爲是一切知識的理論的進步中人類精神之最大的勝利。而同時，大家在計算無限小時，計算微分時，以及計算各種各類的無限數時，還覺得這是假神妙莫測的東西。直到目下，大家在計算無限小時，計算微分時，以及當作一些人類精神之純粹的，自由的產物，好像在客觀世界中沒有任何東西能與他們相符合。而實際上，真理却剛剛在相反的方面。我們在自然界中可以找到這一切虛數的原型。

我們的幾何學以空間的關係爲出發點，而我們的算學與代數則以數量爲出發點，這些數量都合乎我們地上的關係，合乎體量：力學家稱這種體量爲質量（Die nuasse），這種質量存在於地上，而

且可用人力使之運動。地球的質量同這質量比較起來眞是無限大了，所以地球力學家也就把他看一個無限大的量了。力學在研究墜體定律時的原則是把地球半徑看作無限大（Erdradius=8）。但是當我們用天文鏡去觀測星海時，就曉得他們對地的距離往往以若干光年計算，這樣比較起來，地球，太陽系，其中的遠近距離都變作無限小了。這樣一來，我們不但有第一種無限數，並且有了第二種無限數，我們還可以使讀者（假如他們高興）在玄想中虛構出許多更高一等的無限數於無限太空裏。

同時，根據現下物理學與化學中流行的見解，力學所研究的地球上的質量與物體都由分子所組成，分子是最小之微粒，假若不破壞這個物體之物理的與化學的屬性便不能對分子作更多的分割了。又據湯姆生的計算，最小分子之直徑不會更小於一個米里米突之五千萬分之一。我們更假設最大分子之直徑爲一個米里米突之二千五百萬分之一。無論如何這同物理學，力學與化學之最最小質量比較起總是個非常微小的量了。然而他却有其相當質量，而實際上在一個化學的方程式上他都代替了他。他在物理學，力學與化學的關係上可以代替那本來的質量，具有了其一切屬性，亦有如一個數學上的微分對他的變數而言時所具有的屬性。所不同者，只在於微分是個數學的抽象，因此使大家覺得他是個奧妙的，神秘的，而這兒却是很顯明的，可以說是一目了然的。

自然之運用他的微分,卽分子,也依照數學運用其抽象的微分時所依照的定律。例如 x^3 的微分 $=3x^2dx$,因爲這時我們又可以略去 $3xdx^2$ 及 dx^3。假如我們做出一個相當幾何形體,我們就可得到一個每邊之長等於 x 的立方體,而每邊之增加長度又爲無限小的 dx。琉在我們假設用一種易於消散的物體來做成這個立方體,譬如用琉黃。我們假設將某一角的三面遮蓋起來,將其餘三面露出在空中。這時把這個立方體放在琉黃氣體中,再把後者的溫度降下到適宜的程度。這時琉黃氣就開始凝結於這個立方體之露出的三面上。我們不願意引用物理學與化學的實驗材料,我們只希望得到這過程的純淨的形式:我們假設各面因凝結所增加的一層之厚爲一分子。這時立體各邊之長 x 都增大了一個分子直徑的長度,設爲 dx。這時立體 x^3 之容積就增加了,其增加等於 $x^3+3x^2dx+3xdx^2+dx^3-x^3$。這個時候我們也同數學家一樣,有權柄略去 dx^3,即是恰好是略去一個分子,又可略去 $3xdx^2$,這就是直徑爲 dx 的許多分子排列成的三條線。結果立方體 x^3 的增加量爲 $3x^2dx$,同數學的結果是一樣的。嚴格地說來,一個琉黃的立方體上根本就沒有 dx^3 與 $3x^2dx$,因爲兩個或三個分子並不能在空間立足,因此,這個立方體之增加應該等於 $3x^2dx+3xdx+dx$。從此可見數學的 dx 實在是個線量(Lineare Grosse),而這種無寬無厚的線並不能獨立存在於自然界中,一個數學抽象之無條件的意義只存在於純粹數學中。既然 $3x^2dx+dx$ 也可以略去,那就沒有什麼意義了。關於蒸發亦可作如是觀。如果一杯水的上面一層之分子都蒸發去了,那末水的高度

必然也減了一個 dx，這樣一層又一層地繼續蒸發出去，事實上就等於繼續不斷地微分。反之，如果水汽受了壓力與濕度的影響而凝結起來變成了水，則必然又增加了一層分子；這樣一層又一層積累下去（這裏別種複雜的情形與條件都可忽略過去），勢非到杯滿不止。這就是個真正的積分。但是其所以異乎數學的積分者只在乎一個出於有意識的人類腦筋，而另一個則出乎無意識的自然。化學又把分子與原子相割裂成為原子，他有更小的質量與更小的體積，然而他的量却與前者是一致的，所以分子與原子相互間有一種固定的關係。因此，表現某一物體分子成份之化學方程式也必然採用微分方程式的形態。而實際上，因為他們內部又紮積着原子重量，所以他們又是積分的。化學所運用的一些微分之數量的相互關係已經確定了。

但是原子也不是個簡單的東西，不能概括他把他當作物質之最小粒子。化學家一天一天地傾向於原子有複雜成份這一個意見，姑且把這一點撇開不說。大多數的物理學家都承認宇宙以太為光輻射與熱輻射之荷子，這以太就是由很精細的微粒所組成，這些微粒更是十二萬分地細小，他們與化學原子與物理分子之比較亦有如後者與力學質量之比較，就是說有如 d^2x 與 dx 之比較。這樣看來，流傳很廣的關於物質構造的觀念又可以來運用第二等的微分，假若有人高興，聯想自然中還有類似的 d^3x 與 d^4x ……誰還能禁止他呢？

但是無論你對物質之構造抱持何種觀點,有一點却是不容懷疑,我們能把物質分爲很大的很易分辨的組;就性質上面講來,每一組之各員都有一種固定的,最後的相互關係;而對最鄰近諸組各員之關係亦有如對數學上的無限大與無限小。人眼可見的星系,太陽系,地上質量,分子與原子,最後還有以太微粒,他們都各自形成一組。我們能否在這各組之間找到一些中介之環,並沒有好大重要。例如,在太陽系與地上質量之間就有小行星(其中有幾個並不能大過列斯王國)流星等等。而在地上質量與分子之間我們却可以看到有機世界的細胞。此種中介環只能證明,都因爲自然界完全由飛躍所組成,所以自然界沒有任何飛躍。

如果數學家是運用函數,他就應當平心靜氣地應用這個觀點。據地上力學看來,地球的質量是無限大;而地上質量及其相當的流星到了天文學中就變成無限小了。同樣,假若天文學家跳出太陽系的範圍去研究各個星系之構造,他馬上就要把行星之質量與距離看得十分藐小。但是數學家只死守着他們抽象之堅壘,即所謂純綷數學也者,所以就把這一類似都忘記了。因此無限就變成了一件完全神祕的東西,因此,他們在分析時所用的方法也就成了完全不可了解的,與一切經驗及一切解相矛盾的方法。數學家與自然科學家們提起黑格兒的哲學來,都能把這哲學的愚笨不通處講個淋漓盡致;然而他們怎樣呢?他們的方法雖然能很奇異地得到正確的結果,然而數學家却也得到許多不通的地方與愚盜的地方,他們不能用這些東西去說明他們的方法,却只能去埋怨他們的方法,因

為他們的愚蠢與不通的地方還要更甚於黑格兒哲學之最糟糕的（實的與虛的）妄想。他們現在也犯了他們以前用以責罵黑格兒的錯誤，而且錯誤更要大些，就是他們也把抽象應用得達於極端了。他們忘記了一切所謂純粹數學也者正是研究抽象，嚴格地說來，其一切數都是虛數，一切都是抽象，將這些東西引到極端時就變成了不通，變到相反的方面。雖然是不自覺地，然而數學的無限總還是從實際中借來的，因此他不能自說明，不能用數學的抽象來說明他。用這就可去說明一切了（黑克爾對思想與存在之同一這個問題之種種關係之數學形式之自然的原型。我們就能看到那數學無限之概念所從來的真實關係，甚至能看到這申述是太不成東西了）。亦可（解釋）聯續物質與不聯續物質之矛盾（黑格兒）。

二　論機械的自然科學

（第四十六頁之第二個附註，論各種運動形態與研究這些形態的科學。）

在本書出世之後（一八七七年二月九日「前進報」），凱庫爾（在他的著作，「化學中之科學傾向與成績」）即對力學，物理學與化學加以完全相類似的定義：「假若用物質之實質一個觀念來作基礎，則可以把化學定為原子科學，而物理學則為分子科學，於是就出現了一個思想，要把物

理學中研究質量的一部分封爲一個專門學問，可以稱之爲力學」。這樣看來，力學當爲物理學與化學之基礎，因爲不論是物理學還是化學，當他們對其分子或原子加以相當的估量或計算時，總要把他們看作一個質量。這個概念異乎九月間的前一註解（指前節論數學的無限——譯者）中的概念者不過是固定性較少而已。有一個英國雜誌「自然界」把凱庫爾上面這種思想定成下面的形式，物理學是分子之靜力學與動力學；但是據我看來，把所有的化學過程歸到純粹機械上面是完全莫須有地縮小了化學的活動領域。但是這種思想居然成了時髦的東西，驚如，黑克爾往往把「機械的」與「一元的」看作意義相同的兩個名辭去運用；據他的意見，「現代的生理學中只能有物理的，化學的，或廣義的機械的力」。

我稱物理學爲分子力學，稱化學爲原子物理學，稱生物學爲蛋白質的化學，我的希望是想表現從這門科學到那門科學之過渡，想表現兩門科學之聯繫與延續性，以及差異與中斷。更進一步地稱化學爲一種特殊的力學，據我看來，是不合理性的。力學（不論就廣義說還是就狹義說）只曉得有數量，只能運用速度與質量，最多再加上一個容積。假若有個性質問題橫在路上（例如水靜力學與氣靜力學），那時他除了運用來研究分子狀況與分子運動之外，就不能應付得很好了。他的本身只不過是物理學的簡單的輔助科學，是物理學的前提。但是在物理學中，特別是在化學中，不但因數量的變化之結果而得到經常的性質的變化，不但可以看到由數量到性質的過渡，並且還要研究許多性質

《自然辩证法》中外文稀有版本文献

的變化，完全沒有方法證明這些性的變化是由量的變化所引起。我們也不否認現代的科學在朝着這個方向走，但是這並不能證明這個方向是唯一正確的，不能證明走這條路子就可以徹底窮究了物理學與化學。一切運動中都包含有最大物質或最小物質之機械運動與移動：對這些機械運動之認識是科學之爲首任務，只是爲首而已。單單有機械運動並不能盡一切運動。運動絕對不只是簡單的移動，不只是簡單的位置變動，他在超機械的領域中，就成爲性質之變化。思想也是運動。熱就是分子運動，這個發現在科學中劃了一個時代。但是，假若我只能說熱是分子運動的簡單的移動，由原子容積之關係走向原子重量，此外就沒有別的話講，那還不如閉口不說爲妙。化學已經找到一條新路，於是就說明了各原素的很多物理屬性與化學屬性。但是沒有一個化學家敢說一個原素在梅葉爾曲線（Kurve Loshar Meyers）上的位置能夠把這原素的屬性完全表現出來，誰也不能說，把炭素造成有機生命之主要負荷者之炭素的特殊屬性都決定於這曲線上的位置，這位置也不能決定燐在腦中的必要性。然而機械的概念正是要走到這一點。他用位置的變化來解釋一切變化，用數量上的差異來解釋一切性質上的差異，却沒有見到性質與數量的關係是相互的，性質可以過渡到數量，數量也可以過渡到性質，這裏有種相互作用。假若我們把一切性質的差異與變化都納入數量的差異與變化，納入機械的移動，那時我們就必然要得出一個結論，說全部物質都由相同的最小微粒所組成，物質之化學原素之一切性質的差異都由於這些最小微粒結成原子時之數目上的與空間結構上的數量之

— 36 —

差異。但是我們離這種結論還遠得很哩。

因為現代的自然科學家只曉得現在德國各大學中頗為繁榮的，通常的，惡俗的哲學，此外再也不知道別種哲學，所以我們才能這樣無所顧忌地應用「機械的」這一類的名詞，然而卻沒有計算到，甚至沒有夢想到從此可得出什麼樣的必然的結論。物質性質絕對同一論也有他的信徒，想用經驗的方法才證明他或駁倒他都是不可能的。但是拉一些想用「機械的方法」去解釋一切的人，問一問他們是否知道此種結論之不可避免，承認不承認物質之同一性，那時你能看得到幾許不同的回答！

最滑稽可笑的是，把「唯物的」與「機械的」等量齊觀之第一人還要算黑格兒，他是想用「機械的」一詞來糟蹋唯物論。這是因為黑格兒所指的唯物論（十八世紀的法蘭西唯物論）在實際上也是絕對機械的，這簡單因為當時的物理學，化學與生物學才剛剛開始，還不能作總宇宙觀的基礎。同樣地，黑克兒把 Causae efficientes 譯作機械行動因，把 Causae finals 譯作目的行動因也是從黑格兒那裏借用來的：而黑格兒所用的機械的是指盲目的，無意識的行動，異乎黑克爾所用的機械行動的意思。但是黑格兒本人卻把這個對立看作陳舊的，腐朽的，他只在哲學史中提到了他，並且把他的歷史遠景照出來了（由此可見黑克爾完全不懂得這一點，因為他太皮毛了），在談目的論一問題時（「邏輯」第二卷第三

章）又很偶然地提到了他，却把他當作舊玄學從此中看取目的論與機械論之對立的形態。總而言之，他把他看作一個久已被克服的觀點。這樣看來，黑克爾是過份地熱衷於其「機械」概念之根據的獵獲了，所以就抄錯了黑格兒的話，因此也就得出了絕妙的結果，說，自然淘汰造成了某種植物或某種動物之固定的變化，這是由於 Causa efficiens，就是由於 Causa finalis，一個畜養種植家所演的脚色自然是 Causa finalis。很顯然地，像黑格兒這樣的辯證家絕對不會糊塗於 Causa efficiens 與 Causa finalis 之狹小的有限的對立中。用現代的觀點也不難結束關於這個對立的一切糊塗與廢話，只指出一點就可以了！我們從經驗與理論都可知道，物質與其存在能力及運動都是不能創造的，所以他們就是最後的因，假若我們找出一個在時間上與位置上都是孤立於宇宙運動相互關係上的，或是孤立於我們思想之外的個別的原因，而稱之曰行動的因，這時我們並未能增加他一些新的固定，只是把他弄得更複雜更糊塗了。凡是不能行動的原因都完全不能算是原因。

所謂物質也者只是個純粹的思想結構與抽象。說到物時，我們把他們看作一個體質存在的東西，把他納入物質概念時，我們就把他們的性質上的差異都抽去了。因此，所謂物質者並不同乎固定的存在的物質，他並不是一種感覺上存在的東西。自然科學想尋找出如此這般的唯一物質，想把性質上的差異納入相同的最小微粒之成份上的純數量的差異，這種行動亦有如不去找櫻桃，梨子，想把

三 論耐格里之不認識無限

耐格里第十二與第十三頁（C. Nägeli: Die Schranken der naturwissenschaftlichen Erkenntnis——「自然科學認識之界限」——一八七七年九月）。

一開頭時耐格里說我們不能認識眞實的性質的差異，馬上又緊跟著說，自然界中根本沒有這種「絕對的差異」！第十二頁。

顆菓，而去尋找如此這樣的果實，不去尋找貓，狗，羊，而去尋找如此這般的氣體，金屬，石頭，化學化合物，運動。達爾文的學說便要求這樣一個哺乳動物，但是黑克爾在這個時候應該承認，假若這種哺乳動物包含了一切現代的與將來的哺乳動物之胚胎，那末在實際上他必然低於現在的哺乳動物，一定是十分粗陋，因此比一切其餘都較易變化。黑格兒（「百科全書」第一卷第一九九頁）已經證明過這種見解是一種「片面的，數學的觀點」，根據這種觀點，只能在數量上去規定物質，而在物質上則自古以來都是相同的，「這個觀點正是」十八世紀法蘭西唯物論的觀點。這種觀點簡直是囘到皮塔果拉斯去了，他正是把數量的有定（Quantative Bestimmtheit）看作萬物的本質。

第一，每一個性質上的無限都是繁多的數量上的程度，例如顏色，硬與軟，久與暫等等，他們在性質上雖然是互相差異的，然而却可以計量，可以認識。

第二，單純的性質是不存在的，所存在者只是具有性質的而且具有無限多性質的諸物。兩件不同的物往往同具某種共同的性質（至少有形性 Korperlichkeit 是他們所共有的），有些性質則只程度上的差異，最後，這件東西的所有的性質會是另一件上所完全缺乏的。假若我們拿兩個極端相異的東西來研究一下，——例如流星與人，則其相同點就很少了，至多有重量與有形性是他們所共有的。但是在這二物之間還有無限多的別種自然物與自然過程，我們可以把他們排列起來填補於流星與人之間，指出每一物在自然關係中之地位，這樣就可以認識他了。我想耐格里本人也是同意這一點的。

第三，我們五相差異的感覺可以使我們得到那些在性質的關係上絕對相異的印象。此時我們經過視覺，聽覺，嗅覺，味覺與觸覺所得到的一些性質是絕對相異的。但是因研究之進步所以這裏這種差異也慢慢地消減了。大家早已承認，嗅覺與味覺是兩個有親屬關係而五相聯帶的感覺，他們所感覺的性質卽令不相同也是有相互關係的。視覺與聽覺所感受的通通是一種波動。視覺與觸覺是五相輔助的，我們往往可以根據觸覺的性質來斷定某物之形式。最後，同是這一個「我」，在感受了許多相異的感覺印象之後，往往能把他們集結成一個統一的物體。同樣地，同一物所給的各種相異

— 40 —

的印象「就是」他的一般屬性，因此使我們有認識他的可能。所以，對這些由不同的感官所得到的相異的感覺與屬性加以說明，確定他們的相互關係就是科學的任務。科學要埋怨我們除了五個專門感官之外沒有一個總的感官，埋怨我們不能够看到或聽到嗅氣與味道，還是沒有絲毫道理的。

他們告訴我們說「性質上的與絕對的相異之領域」是不可瞭解的，但是無論我們跑到那裏去找，在自然界中總找不到這個地方。全部糾紛都起於性質與數量之混淆。耐格里站在統治的機械的觀點上，認爲要想說明一切性質的差異只有等到能把他們完全納入數量的差異的時候（關於這一點別處還要談到）；據他看來，性質與數量是兩個絕對相異的範疇。玄學！

「我們所能認識的只是有限的，等等」。這是完全不錯的，因爲我們認識的範圍內只有有限的事物。但是這個斷語上還需要加以補充：「而實質上我們只能認識無限」。實際上一切真實的，窮究的知識只在乎我們在思想中能從他的（知識的——譯者）單獨（Einzelheit）中抽出一個單獨的，把他轉入特殊（Besouderheit），然後再從後者轉入一般（Allgemeinheit），在乎我們能從有限中找到無限，從無常中找到永久。但是一般之形態是個自封閉之形態（Form der Insichabgeschlossenheit），因此也就是無限之形態；他是把許多多有限物聯結成爲無限之結合。我們知道，綠與水素（輕氣）受了光的作用，在某種溫度與壓力之下會結合起來成爲氣體綠化氫，這時必然發生一個爆裂；我們既然知道這一點之後，我們也同樣可以知道假若有了上述的條件，則隨時隨地都可

— 41 —

以发生上项事情，至於在这个大宇宙之各天体上只发生了一次这样事实呢，还是重复了百万千万次，却是无关重要的。自然界中，一般之形态为定律，而对於自然定律之永久性谈论得最多者还是自然科学家。耐格里说，如果我们不自限定来专研究有限，如果我们把他与永久性混淆起来，我们就把有限造成了个不可解的东西；这样说来，他不是否认了自然定律的可认识性便是否认了他的永久性，二者必居其一。一切的真理之对自然的认识都是永久的，无限的认识，因此，这认识在实质上是绝对的。

但是这个绝对的认识亦有他自己的严重的困难。他同可认识物之无限是一样的，他也只是单从有限所缀成。绝对有认识能力的思想，其无限性亦由无限多的有限的人类头脑所叠成。这些头脑在认识之无限工程中也往往犯了很多实际的与理论的错误，他们往往从一个不成功的，片面的，不正确的前提出发，往往走一切荒谬的，崎岖的，无希望的道路，因此，往往撞破了鼻子而结果依然是没有认识了真理（卜里斯提来 Priestley）。

因此，对无限之认识被两重的困难所围困了，所以就本性上说来，他是个无限的，渐近线的可认程（imenalich asymptoiish prozess）。据我们看来，这已经足够使我们敢说：无限是这样的，有如他是不可认识的。这就完了，我们也只用得着这些。

耐格里说这句话时却说得非常滑稽可笑，他说：我们所能够认识的只是有限，但是我们却能够

認識我們感覺印象範圍內之一切有限。這個範圍內的有限之總和依然是無限，因為耐格里正是根據這個總和來綴成他自己關於無限的概念。除了這個有限之外他沒有關於無限的任何概念。

（關於無理的無限我們在別處還要談的。）

對於無限之研究我們應指出下列諸點：

（一）用空間與時間的觀點來看「至小領域」（Winzige Gebiet）。

（二）「感官之或然的不充分的發展」。

（三）我們只能認識有限的，無常的，變動的，以及各種程度不同的相對的……等等。然而我們却不能知道，什麼是時間，空間，能力與物質，運動與靜止，原因與結果。這又是陳舊的歷史。一開始就造就了抽象，把他們從可覺諸物中抽攝出來，後來却又希望從感覺上來認識他們，希望看到時間，嗅到空間。經驗論者已經被他用慣了經驗論的實驗所迷惑，想把一切都放在感覺的範圍內。甚至於想把抽象拿來作個試驗。我們知道什麼是一小時，甚察是一米突，然而我們却不知道什麼是時間與空間！正是因為，時間不是別的東西，而是小時之總和，空間也不是別的東西，而是立方米突之總和！當然了，兩者都是物質之存在形態（Existanzform），假若沒有物質，兩者都等於無。最多不過是我們腦筋中的空觀念與空抽象。然而我們却不能認識什麼

— 43 —

是物質與運動！所以不能者，因為還沒有任何人能用其他的方法來看到，覺到如此的物質與如此的運動。人們只能與各種實際存在的物質與運動形態打交道。物質並不是別的東西，只是萬物之總和，我們從萬物中抽象出這樣一個概念。如此的運動也不是別的東西，只是一切可感受的運動形態之總和。約而言之，這種的物質與運動只是個簡單的縮體，我們把各種不同的可感受的諸物都依其一般的屬性而一總地納入這個縮體中。因此，必須研究物質與運動之個別形態然後才能夠認識物質與運動。我們把前者認識了之後才能認識如此的物質與運動。因此，當耐格里說我們不能認識時間，空間，運動，原因與結果的時候，就等於說，我們用我們的頭腦製造了抽象，把他們從真實世界中抽將出來，後來卻不能認識我們自己所創造出的抽象了，這是因為他們是理性物而非感覺物，然而一切認識卻都是感覺量（Sinliches Messen）。這正是在黑格兒那裏所遇到的困難，絲毫不爽，說我們能吃櫻桃與梅子，卻不能吃梅子，因為誰都沒有吃過如此的果子。

耐格里說，在自然界中或者還有許許多多運動形態非我們用感覺所能感受，這話說得真盡得可憐。這就等於（至少對我們的認識而言）否認了運動不生定律。我們所不能感受的運動形態可以變成能打入我們感覺的運動，這難道不可以麼！例如，我們要說明接觸電並沒有絲毫困難。

辯證法與自然科學

布希涅爾 派別之產生。在唯物哲學中去解決唯心哲學的問題。科學上的支配沒有了。冒牌唯物論的通俗著作突然間興旺起來，其中實無唯物論而只有科學性的缺乏。這次興旺適在資產階級的德國之最厲害的衰落時代中，也就是在德國官辦科學最衰微的時代中：一八五〇——一八六〇年。佛希特，莫萊紹特，布希涅爾。互相保險。——現下的達爾文主義又時髦起來，於是來一個新的活躍，於是這些先生們就來租用達爾文主義了。

我們可以不要理他們，讓他們去把哲學，無神論等等東西分散到德國人中去好了，這雖然是件很可憐的事，但是也算不得什麼壞事。（一）但是哲學無論如何總是德意志的光榮，要是想凌辱哲學及（二）打算將自然界的理論應用到社會上而圖謀改良社會主義——凡此種種都使我們不能不注意他們。

（一）他們在他們的份內做了些什麼事情？引證，摘錄。

（二）一七〇——一七一頁上的轉變。為什麼突然間黑格兒起來了？轉向辯證法了。兩種哲學派別：擁有不變化的範疇之玄學派，擁有一切皆流之證辯法派（亞里士多德，特別是黑格兒）。想

證明基礎與結局，原因與效果，同與異，存在與本質之永遠的對立，是禁不得一駁的。）分析告訴我們，一極撮要地存在於另一極中，到了某一點時他們可以互相轉變，而全部邏輯也就是從這些向前運動的對立中發展出來。這一點在黑格兒手中是神祕的，因為他手中的範疇是一種先在的東西，而眞實世界的辯證法反而是他簡單的反映。實際上的情形卻剛剛相反：頭腦中的辯證法不過是眞實世界（自然與歷史都是一樣）的運動形態之反映。上世紀（卽十八世紀）的，甚至一八三〇年之前的自然科學家在舊玄學的幫助之下還很容易將就從事，因爲那時眞實的科學還沒有走出地上力學或宇宙力學之範圍。但是高等數學已經使他們糊裏糊塗了，高等數學往往把初等數學的永遠眞理看作絕的觀點，而常常確定一切與這觀點對立的東西，而用初等數學的眼光來看，他們所提出的最簡單的概念如抽象量與無理的無限數（Schlechte Unendliche）都採取了完完全全的辯證法的形式，使數學家不甘心地而又不能自主的作了辯證法的數學家。數學家這時還有個可憐的鬼把戲，可憐的主意，可憐的幻想，他們想把高等數學家與初等數學家調解起來，告訴他們這千眞萬確的結果並不是完全愚蠢的事（Blödsin），想這樣輕輕地解決這個矛盾：並且打算告訴他們無限數學家們（Mathematik des Unendlichen）的出發點，及其方法與最後之結果都是很合理的，——像他們這一種把戲眞是最可憐的。

但是，到了現在，一切都變了樣子。化學變了，物理的物體之抽象的不可分割，無限的無限數，原子論等等一切都變了樣子。物理學，細胞（不論是個體的或種屬的有機發展過程都起因於分化，這個結論是合理的辯證法之最可驚異的標本）以及自然力之同一（die Identität）與其互相變通把一切範疇不變的思想都打倒了。雖然是這樣，而就現代自然科學家的全體說來，還未能擺脫舊玄學的範疇；現代科學的許多事實都可以很清楚地證明自然界中辯證法的存在，但是這些科學家却未能合理地解釋說明這些事實，更未能合理地把這些事實加以系統化。但是他們在不知不覺間便不能不作如是想：原子，分子等物是不能用顯微鏡觀察的，而只能用思攷去觀察。試把各種化學著作（紹萊美爾要除外，因為他懂得黑格兒哲學）與維兒霍夫（Virchow）的細胞病理學（Zellular-pathologie）拿來比較一下，就可看到，他們那些通常庸俗的文句只能證明著者的沒有辦法。假若自然科學能拋棄不變的範疇，則擺脫了神祕主義之後的辯證法便是他們的絕對需要（這不變的範疇正是邏輯中自有的初等數學）。因為自然科學拋棄了哲學，所以哲學才起而作復行動。哲學有了很多的自然科學的成績，這哲學中的成績甚至超過而且優於科學家自有的成績，還是每一個科學家都不能否認的（如萊布尼茨是無限數數學的創造者，而歸納法的騙子牛頓同萊氏比較起來直是一個抄襲者與損害者；康德的世界起源宇宙開關論較早於拉卜拉斯；奧根 Oken 景德國第一個提出進化論的人；黑格兒——其自然哲學的綜合與其合理的分組，同其所採用的味同嚼蠟的材料比較一下，實

在是做了一件大事）。

自然科學之辯證法：自然科學之對象是動的物質。物質本身之各種形態與形式也只有經過運動才能被認識。只有在運動中才能看到物體的性質；不動的物體是無甚可說的。因此，運動物體之性質出乎其運動之形態。

（一）第一個，是最簡單的運動形態，是機械的，簡單的移動。

（甲）個別物體之運動是不存在的，一切運動都是相對的。下落。

（乙）不相連的物體之運動；拋物線運動，天文——目可見的均衡——最後是內部接觸？

（丙）相互銜接物體之運動——壓力，靜力學。氣體之靜力學。槓桿與力學之別種形態，由於其最簡單形態的接觸而產生了程度不同的形式相異的打擊與摩擦。打擊與摩擦事實上通通是接觸，他們還能產出自然科學家從來沒有指出過的結果，就是在某種條件之下，他們可以產生聲音，熱，光，電與磁。

（二）這種形色色的力（聲音除外）——都是天體物理學：

（甲）他們互相轉變，同時又互相代替。

（乙）力之發展達到某種數量時（依各種物體而不同，視其化學上簡單複雜的程度）則發生化

學的變化。現在我們又談到化學問題了（天體化學。結晶圖學 Kristallographie 也是化學的一部分）。

（三）物理學應該把而且能夠把活的有機體棄置不顧，而化學却只有在研究有機自然界中的物體。在這兒化學研究了有機的生命，這算他邁進了很大的一步，可以使我們相信，他自己已經可以說明老能找到眞正的鎖鑰以求知道最重要物體的眞性；另一方面看，他可以造成有機自然界中的物體。在向有機體的，掃證法的轉變。

（四）現在，太陽系與地球歷史中之寶物的轉變就是有機生命的眞實的前提。可分割性。哺乳動物是不可分割的，但是爬蟲却能夠生出一個新脚。以太波是可以分割到無限小，測量到無限的。每一個物體都是可分割的，但是在實際上却有一定的限度，列如在化學中。

固結——在氣體中便是消極的——吸引力可以變作排拒力，這排拒力只有在氣體與以太（？）中才是眞實的。

總和狀態（Aggregat）——數量的變化轉變到性質變化的焦點。

饗奇（Secchi）與神父。

牛頓的萬有吸引力與離心力是玄學思攷法的例子：在這兒並沒有把問題解決了，不過把他提出而已，然而大家都當是解決了。——克勞西斯的熱之遞減問題也是這個樣子。

拉卜拉斯的學說只承認動的物質——宇宙太空中之一切運動都必須作旋轉運動。

*

塵擦與打擊產生了某一物體的內部運動，即分子運動，後者依環境之不同能分化成熱、電等物。但是這種運動只是暫時的：無此因，必無此果（Cessanne causa cessa effectus）。到了某種程度時，他們都會變成常住的分子變化，即化學的變化。

*

Causa finalis（最後之因）是物質及其所具有的運動。這物質絕對不是抽象。在太陽中已有一些物質不喜化合，其行動亦無何等差異。雖然在火霧的氣體球中（即星雲球中）一切物質都各自存在，但是他們可分解成純粹物質，如此的物質，其行動如物質，而不依照其特殊的性質。

（總而言之，黑格兒已經把 Causa finalis——最後的因——及 Causa efficiens——成效的因——之互相對立變成了互相作用了。）

*

自然科學如能運用思想，「假設」當爲其發展形態。一個新事實發現了，從前說明這一組事實的舊方法現在不適用了。於是產生了新說明法之需要，這說明要根據這些有限的觀察材料。更進一步的實驗材料慢慢地蔴滿了這些假設，取消了一些，修正了一些；到了最後才產生了成色十足的定律。如果我們只想等待這些定律之原料之成熟，那末在未成熟之前，我們只有放下理論的研究，如

果這樣子幹法，我們永遠都不會求得這個定律。

假若自然科學家缺乏邏輯的與辯證的修養，那末互相排擠的假說，其數之多與新陳代謝之速都會引起他們的一種謬誤觀念，以為我們始終不能認識物之實質（如海列爾Haller與哥德Goethe）。不但是自然科學家會發生此種錯誤；因為人類認識之發展沿着一條很迷亂的曲線，所以在一切歷史科學中的理論也是互相排擠而代謝的，雖哲學亦不能免此，因此，任何人都不能武斷地說形式邏輯是「無意思」。這種觀點之最後的形態是「自存物」(Ding an sich)。試論斷以為我們不能認識自存物（黑格兒「百科全書」第四十四頁），第一，這種見解離開科學而跑到玄想方面去了；第二，他絲毫未增多我們的科學認識，因為我們如果不能研究這些物，則這些物就成了對我們不存在的了；第三，這是赤裸裸的永遠不能實用的空言。抽象地說來，他的聲音聽去好像是合理的。但是讓我們試一試看他有否實用。例如動物學家，動物學家說狗好像有四隻腳，但是我們不得而知這狗是否會有四百萬隻腳，至甚沒有一隻腳。怎樣辦呢？例如數學家，他們開始說一個三角形有三個邊，但是到後來又說，他是不是有二十五個邊呢，這一點我們不得而知。怎樣處置呢？二乘二，好像是等於四。這些自然科學家並不願意把自存物一語應用到自然科學中去，他們只有談到哲學問題時才用這一句話。這是最好的證據，證明他們對這一句空話是何等的看不起，而這句話本身的意義又何等地藐小。如果他們很重視他，那末「因何故」不來研究他一下呢？如果用歷史的眼光來觀察，那

末這問題亦自有其相當的意義：只有在我們時代中的旣有的條件之下我們才能去認識，同時，這些條件允許我們認識幾多，我們才能認識幾多。

＊

吸引力變成排拒力，或是排拒力變成吸引力，這種轉變在黑格兒手中是神祕的，而實際上，在這一點上，他比晚近自然科學之最新發現還要高明一些。當如在彗星的尾上的一些細末物質其分子排拒力已經非常的大了，但是氣體的分子排拒力比他還要大些。黑格兒把排拒力看作原本的，把吸引力看作演出的，這也是他的天才過人處。太陽系之形成正是因爲吸引力漸次地凌駕了原先佔優勢的排拒力。——經過熱而擴展了排拒力。

＊

普通理解的定義之矛盾性：動的氣體說（Kinetische Gastheorie）。兩極化（die Polarisation）。正如電與磁一樣，思想也兩極化，也在矛盾中運動：同樣地，在第一種情形之下，不能偏執一端，而每一個自然科學家也沒有想去偏執一端，在第二種情形之下也是如此。

＊

據否認因果律的人看來，自然界一切規律都是個假設，星體的化學分析，卽光之三稜鏡之分析也是個同樣的假設。只希望如此的淺薄思想有什麼意思！

自存物：黑格兒，「邏輯學」第二卷，第十頁及其後整個一編都是談這個問題（懷疑派向來不說：這是：新唯心論（即康德與費希特）不願意把認識看作對自存物的知識。參看黑氏「百科全書」第一部第二五二頁。但是這懷疑論依然保留着他的一切形形色色的事物之輪廓（Schien），或是更正確一點說，他的輪廓依然以世界之形形色色與豐富的現象爲其內容。同樣地，唯心論底現象（即唯心論稱之爲現象的那件東西）也是包含了這些形形色色的德性之全部⋯⋯。這樣看來，可以不用任何的有（Sein），任何的物（Ding）或自存物（Ding an Sich）來作此內容之基礎：他自己總是保存着他的本原，他不過從實在轉到輪廓而已。這樣說來，黑格兒同現代自然科學家比較起來，可算是一個較爲堅決的唯物論者。

＊　＊　＊　＊　＊

所謂數學的定理者不過是一種思想上的規定（Denkbestimmengen），借以作數學所必須的出發點而已。數學是數量之科學，他的出發點是數量的概念。數學不足以確定數量，於是不得不借助於外力，引用了定理，就是數量的要素的規定，然而卻不是定義。事後看來，他却是不能證明的，在數學上也是不可證明的。然而在分析數量的時候，這些定理又好像是數量之必有的性質。斯賓賽說，這些定理之自明性（Selbverstandlichkeit）是世代相傳的，這句話很正確。這些定理並不是純

梓的重複語，所以可以用揹證法證明他們。

例如，部份與全體，這個範疇到了有機世界中便有缺陷了。種子之發芽，胚胎及生出的動物，絕對不能把他們看作「全體」中分出的「部份」，假若如此，便是一種曲解。黑格兒「百科全書」第一部第一編第二六八頁。

＊　＊　＊

在有機的自然界中，不能應用抽象的同一律如 a＝a 同時－a 不等於非a。植物，動物，一個單細胞，在其生命之每一瞬間都與自身相同，同時又與自已相異，由於他吸取了外物，又排洩了外物，由於呼吸作用，由於細胞之長成與死亡，由於血液之循環過程──一言以蔽之，由於不停的分子變化的總量，這些分子變化組成了生命，其結果則很顯著地出現於生命之各個階段中──在胚胎生命中，在幼年時，在性的成熟時，在繁殖時，在衰老時，在死亡時。我們暫時放下物種發展一問題。生理學的進步愈多，這些繼續不斷的無限小的變化也就越發重要，而同一事物之內部差異的研究也就越發重要，那舊的，抽象的，形式的同一觀，把有機的存在物看作一種自相同一的，常住不變的東西，這觀點已經過時了。

＊　＊　＊

雖是如此，根據此觀點而產生的思攷方式及其範疇却還繼續存在以至今日。但是在無機自然界中，這種本色的同一已在實際上消逝。每一個物體都經常的受一種機械的，物理的與化學的影響，而引起了他內部不斷的變異，修改了他的同一性。抽象的同一及其反

題——抽象的差異只有在數學中還有一方容身之處。數學是一種抽象的科學，專門以智慧的結構來從事研究——雖然這也是真實的反映，而真實則經常地被抽出不用。黑格兒「百科全書」第一部第二三五頁。每一句話都可表示出同一之內含有差異的事實，因為每一句話中謂詞必然與主詞分離。蓮是植物，玫瑰是紅的：在這話中，或是在主詞裏面，或是在謂詞裏面必然有一件東西逸出了謂詞或是主詞的範圍。黑格兒「百科全書」第二部第二三一頁。不用解釋，自相同一語有一個必要的先在的附註，就是，和一切其他的不同。

經常的變化，就是抽象的自相同一之取消，在所謂無機世界中也是存在的。地質學便是這種歷史。在地球表面上有機械的變化（如水冲，冰電），有化學的變化（如風化作用），在地球內部有機械的變化（壓力），有熱（火山的），有化學的（水，酸，膠質），及大規模的變化，如地面上升及地震等等。現在的石板與當年的軟泥不同了，雖然他是出身於他，白堊是很多五不相聯的極小的甲殼所積成；又據幾位學者的意見，石灰岩完全由有機物造成，沙石則由一些各自獨立的海沙所積成，而這些海沙又完全是研碎了的花崗石，諸如此類，更不必去談石炭了。

　　＊

　　正與負。又可以反稱之，在電與磁中則稱之為南北極。又可以把這名稱倒轉過來，把其餘一切名詞也調換一下，則仍不失原來的樣子。那時我們就要稱西為東，稱東為西。太陽那時可從西方出

來，而行星則從東往西運轉；此時所變者不過一個名稱而已。在物理學中，磁石指向地磁北極的一端我們稱之爲南極，這絲毫都不礙事。

＊　＊　＊

生命與死亡。有種生理學，不把死亡看作生命的眞實的一段，這種生理學是非科學的（黑格兒「百科全書」第一卷第一五二頁，一五三頁）。這生理學不懂得，生命之否定（Negation）實質上包含在生命的本身之中，不懂得生命一事，如不對着他的不可避免的結果而言，即是如此。什麼人懂得這（胚胎形式的）死而言，則生命便是不可想像的。辯證法的生命觀正是如此。什麼東西都留不下來，那末靈魂不死的街談便再也不會使他相信。死是有機體之瓦解，身後蕭條，什麼東西都留不下來，除了組成此身體的化學成份。不然，如果死後還能留下一條靈魂，則不但人應當有靈魂，凡是一切活的體魄都應該有靈魂。這樣已經很清楚了，我們借助於辯證法可以弄清楚生命與死亡的性質，可以結束古代的迷信。生即是死。

＊　＊　＊

無理的無限（Schlechte Unendlicheit）。黑格兒已經很正確地把眞正的無限解爲補充的空間與時間，解爲自然過程與歷史。現在全部自然界都分解了，歸結爲歷史，而歷史（社會史——譯者）却不過是自覺有機體之發展過程，這過程與自然史是不同的。自然與歷史中的無限的形形色色實在

包有空間的無限與時間的無限——而所包括的無理的無限不過是攝取的一點，雖然是實在的，然而却不佔優勢。我們對自然界認識的極邊，直到今日還沒有越出我們的宇宙，而我們宇宙之外的無數宇宙都是我們認識自然時所用不着的。老實講，我們從千百萬太陽中只挑出一個太陽及太陽系作為我們天文學研究的真實基礎。地上的力學，物理學，化學我們只研究了一部份，而談起有機科學來，則我們只能限制在我們這小小的地球上。然而這並無大害於實際上的現象之無限的形形色色，無大害於對自然之認識，正如編年史，其範圍更為狹小，只限於地球之某一部份及某一極短的時期，但並無害於歷史。

　　　　＊　　＊　　＊

　　單純的與複合的。這個範疇在有機自然界中已經沒有意義，所以在這裏不能應用。拿骨與血，筋與肌肉，以及纖維質來看，不論作什麼力學上的配合以及化學上的配合都不能造成動物。黑格兒「百科全書」第一卷第二五六頁。體魄既非單純的，又非複合的，因為他不是能配合成功的。

　　　　＊　　＊　　＊

　　原初物質（Urmatterie）：「物質自太初已經存在而自身則無形，此種見解在古代的希臘人中已經有了，在開始時，是神話式的渾沌（Chaos），渾沌為真實世界的基礎而無形」。黑格兒「百科全書」第一卷第二五八頁。在拉卜拉斯那裏我們又遇到了這渾沌，這就是星雲，已含有形態之萌

芽。此後分化便來了。

黑格兒「百科全書」第一卷第二五九頁，並閱其邏輯學。他以極端虛妄的思想造成了虛假的多孔說（Porosliätstheorie）（根據這種學說，各種假物質及熱素等物根據其相互的多孔性而排列，而且依然是不能相入的）。

＊　＊　＊

力。假若有某一運動從一個物體移渡入另一物體，那末，這個運動的移渡既然是自動的，我們就可稱之為運動之因，如果這運動之移渡是被動的，則可稱之為果。在此種情形之下，這個因，即是這個自動的運動，而這被動的運動則為力之表現（Aeusserung）。根據運動不滅律，我們在這兒可以做出一個結論，便是力完全與他的表現相等，因為他表現於兩個物體之下，都是這一個運動。但是移渡的運動，多多少少都可以用數量去規定，說力完全與他的表現相等，因為他表現於兩個物體之中，必有一個可以作為測量另一運動的測量單位。運動之可量性使力之範疇有了價值。假若沒有這一點，他就沒有絲毫價值了。運動之測量越是行得通，把他看作一個複合的東西，因此，有時會得到新的結果；但是我們切不要忘記了，對於力之解析更遠了，這不過是一種單純的智力的活動。依照力之平行四邊形的定理而得到了複合的力。牛頓在分析行星運動時就用這類比的方法來研究單純的力，就可知道前者並不是真正的複合的力。

忘掉了這一點。在靜力學中也是如此。更進一步來看，當一切運動形態轉變爲機械運動時（熱，電，吸鐵之磁），就可以用原來運動所產生的結果來計算原來的運動。我們在這時，同時研究各種形態的運動，就可發現力之範疇與力之縮寫之有限性。像個樣的物理學家中沒有一個人再單純地稱電，磁與熱爲力，亦不稱之爲物質，也不稱之爲無重物。我們對於熱之本性還未曾知道絲毫，好像是對此種轉變之研究絲毫無益於對熱之本性之研究。把熱看作一種形態的運動，這是物理學中最新的勝利，因此，就使他與力之籠罩斷絕了關係。在某種情形之下，即是在轉變的時候，熱也可採用力之形式，因此就成了可量的。這樣子，可以用某一受熱物體之漲大程度來計算熱。如果熱在此時，不從一個物體轉到作爲單位的物體，則單位體之熱也就無法計算，而且根本上也談不上計算，也談不上數量之變化了。乾脆地說，熱使物體漲大了；如果說熱擁有一種使物體漲大的力量，這只不過是一種單純重複語；如果說熱就是使物體漲大的力量，也是錯誤，因爲第一，用別種方法也可以產生漲大，如在氣體中，第二，用這話來表現熱，未能盡其含義。有幾位化學家還說什麼化學力，因爲有這種力，所以化學的化合才能產生，才能維持。但是我們在這兒並沒有看到什麼轉變，這不過是各個物體的運動之相互的拍合「力」這一個概念走到這裏，算是走他有效地帶的邊緣上了。然而人們還是用發生的熱來計算他，所以又編造出一種所謂的力（例如，爲着說所以直到現在沒有什麼很好的結果。爲着要解釋他，所以又編造出一種所謂的力（例如，爲着

明木塊為什麼在水上浮起便編造了浮力，用反射力去解釋光等等之類），這樣子看來，有幾多不能說明的現象，便編造出幾多力，究其實際不過把外部現象轉譯成內部的語言而已（吸引力與排拒力這一範疇還比較情有可原；這兒把許許多多物理學中不清楚的現象都收集到一個字裏面來，而且暗示出他們的一種內部關係）。假若我們想說什麼化學力，那末，就必須有一個特別的方法來計算各個原素與各個化合物的或多或少的類似關係，例如酸類與鹼族，土族，硫黃以及養化金屬等物——現在的化學能切實研究這個問題的還少。最後，在有機的自然界中，力之範疇是完全用不得的，然而人們却經常地應用他。當然了，就肌肉之機械的結果而言，我們也可以稱肌肉之動作為肌肉力，甚至可以把他計算出來。其他可計算的作用亦可當作力——如胃的消化能力。但是如此推演下去，馬上就會走到不通的結論（例如神經力）。無論如何，我們在這裏要說的，其意思是很有限制的，而且只是一種譬語（例如我們常常說：收集力量）。這種語言誤用的結果會使人們說什麼生活力（Lebenskraft）。假若我們想說有機自然界中的運動形態異乎機械的，物理的，化學的運動形態，因為前者把後者以某種形式包括在一起了。那末這種稱呼的方法更是特別不適用，不是不能分開——表示運動之移渡——表示從外部導入有機體的一種東西，却不是有機體所自有，因而事實上…（一）常常把力看作一種獨立的存在物（黑格兒，「自然哲學」，第七十九頁）。

🐾 的。因此，生活力便成了一些超自然派（Supernaturalis:）的最後避難所了。

（二）潛伏的靜止的力——要從運動與靜止的關係上（如惰性及均衡）去說明他，而且還要附帶研究力之激動（Sollizitation）一問題。

＊　　＊　　＊

運動不滅的理論已經包含在笛卡兒的斷語中了，他說，宇宙中永遠保留着同一數量的運動。自然科學家談到「力不滅」時，實際上以不甚完全的方法來表現這個思想，他是不可毀滅的，有如物質；事物之數量方面也就包括在這裏了。這就是說，自然科學家在兩百年之後才證實了哲學家的理論。

＊　　＊　　＊

「他的（運動的）本質包含在時間與空間的直接統一中；空間與時間都歸於運動；速度，運動之計算，這就是空間對某一固定的時間之關係（比例）（黑格兒，「自然哲學」，第六十五頁）。物質填補了空間與時間。……正如，沒有物質便沒有運動，所以沒有運動也沒有物資。」（同書第六十七頁）

＊　　＊　　＊

力（參看前面）。當然了，運動之移渡必有一定的時候，這條件有時會需要很多，很複雜，特別是在機器中（例如蒸汽機器，又如鎗支，必有機鈕，頂針，火帽，火藥）。如果還缺乏一個條件，那末，當這個條件還沒安排好時，運動之移渡總也不

會發生。我們可以這樣去想像他，好像是只有借助於這個條件，才能激動力，好像力是潛伏着的，潛伏在某一物體內部，這就是所謂載力者（Kraftträger）——如火藥與石炭。而實際上單單現有了這一個物體還不够，必須有一切其他條件，才能發生這個特殊的運動之移渡。

運動之觀念起於我們自身，因為我們在我們自己身上具有移渡運動的工具。在某種限度之內，我們的意志可以驅使這些工具行動起來：特別是手上的肌肉，我們得了他的助力，就能使別種物體也發生機械的移動與運動，可以提，可以舉，可以擲，以及諸如此類的事項，因此，就可得到一種固定的有利的效果。這兒好像是產生了一個運動而非運動之移渡，於是就引起了一種觀念，以為一般地，力能產生運動。只有到了現在，在生理學上才證明了，肌肉的力也是一種運動的移渡。

＊

＊ ＊

＊ ＊

運動與均衡。均衡與運動是不可分開的。在天體的運動裏面，運動即在均衡中，均衡即在運動中。一切特殊的相對運動，就是任何一個運動的天體上的較小的個別物體之一切個別運動都趨向於相對靜止與相對均衡之求得。沒有相對的靜止便沒有發展。物體相對靜止之可能，卽暫時均衡之可能，是物質分化的眞實條件，亦卽生命之必需條件。在太陽上面各個物體之間完全沒有均衡，而只有一切質體，或是只有極其微小的均衡，這是因為有相當的密度之不同，而在球面上則

只有永遠的運動，缺乏靜止，缺乏分解。在月球上面，好像是有完全的均衡，沒有任何相對的運動——死（月球——負性——Mond——Negtivität）。在地球上面，運動則分化爲運動與均衡之輪替，個別的運動趨向均衡，而總和的運動却又破壞了個別的均衡。岩石是靜止了，但是風化過程，海浪作用，河流作用，冰山作用都繼續不斷地來破壞這個均衡。蒸發作用，雨，風，熱，電磁現象等也是一樣。最後在活的有機體軀中，我們可以觀察出其一切最小分子之不斷的運動，甚至較大的器官也是不斷地運動，在生命之平常的時期中，這運動的結果是全有機體之經常的均衡，却又能經常地保持着運動。由此可見運動與均衡之活的統一。——一切均衡只是相對的，暫時的。

　　＊　　＊　　＊

　　因果關係（Kausaliät）。當我們來觀察運動的物質時，我們首先就要看各個運動與各個物體之相互關係，他們是互爲條件的。我們不但知道在某一運動之後跟隨着一個運動；同時我們又知道，我們如果造成了某些條件，也可以生出某一運動，同時在這些條件之下，在自然界中也能生出同樣的運動；我們也知道，我們也能夠引起自然界中完全沒有的運動（如製造工業），即令有，也不會取這種形式，我們又可預先地確定這個運動的方向及其大小。因此，因爲有了人類的活動，所以才產生了因果關係的觀念，這觀念以爲一個運動是另一個運動之原因。誠然，某種自然現象的正確的排列也就是因果觀念的開始；熱與光來自太陽；但是這裏沒有什麽切實的證據，這樣說來，抱

濟懷疑主義的休謨便很正確了，他說，絲毫不爽地重複 Post hoc（過去），並不能建立 Propter hoc（現在）。但是人類的活動卻可以證實因果關係。我們用一個火鏡（聚光鏡）把太陽光集中到一個焦點上，其所引起的效果同平常的火一樣，這樣子，我們就可證明從太陽那裏可以取熱。又例如，我們把火藥，引火，彈丸等物放進鎗裏面，然後撳機鈕放射，那末我們根據經驗就可以預先算出其效果，最後是氣體壓迫彈丸。在這種情形之下，懷疑論者就沒有方法來肯定地說，下一次不能完全重複這一次。實際上，有的時候，並不是同一現象的重演，例如，由於突然變為氣體而爆裂，最後是氣體壓迫彈丸。但是這也能夠證明因果關係，而不是駁倒因果關係，每一個此種脫離常軌的事件，如加以相當的研究，便能尋出他的原因：如引火之化學的分解，火藥的潮溼等等，以及彈道之損壞等等，這樣卻是因果關係之雙料的證實。——自然科學家與哲學家直到現在還不注意去研究人類活動對其思想之影響。他們有一半只曉得自然，而另一半卻只曉得思想。人類理智的發展之最切實的第一個基礎卻是人為的自然界之變化，而並不是這樣一個本色的自然界——如我們常常聽說的德拉派爾（Draper）及其思想相同然界的能力成正比例。自然科學的歷史觀——如我們常常聽說的德拉派爾及其思想相同的幾位自然科學家的見解，以為只有自然能影響人類，以為無論在什麼地方自然條件都可決定人類歷史的發展，這種歷史觀是片面的，他們忘了人類對自然也可以發生作用，可以變化他，可以造成

— 64 —

自己生存的新條件。日耳曼人移入時代的德國「自然界」，目下還賸得幾許！地面，氣候，植物，動物，甚至人類本身都變更了，然而這却是由於人類的活動，而德國自然界中非人爲的變化實在是少得可憐。

＊　　＊　　＊

牛頓的萬有吸引力。關於萬有吸引力，我們可以說，而且最好這樣說，說他並沒有說明，只不過清清楚楚地描畫出行星運動的現在情形。運動是有了，太陽的吸引力也有了：用這些已知的作出發點又怎樣去說明運動呢？力之平行四邊形，即切線力（Tangentialkraft）成了我們必須採用的不證自明的東西；這就是說，如果我們承認了所存秩序之永恆性，那末我們就需要假設一個最初動力，這就是神。但是，一方面，行星世界的現存秩序並不是永恆的，另一方面，運動本來並不複雜，而只是一個簡單的轉動（自轉及公轉——譯者）。在這裏應用力之平行四邊形是錯誤的，因爲他不僅限於指出未知的量，不僅要指出 X，就是說，他不僅要提出問題，而且應當解決問題。

＊　　＊　　＊

力。——還要分析他的消極方面，分析阻力，他阻礙運動之移渡。

＊　　＊　　＊

相互作用。——當我們用現代自然科學的觀點開始來觀察整個的運動的物質時，這是我們應當看到的第一點。我們可以看到很多運動形態，如機械運動，光，熱，電，磁，化學之合與分解，

混合狀態之變化，有機的生命，——這一切的一切（暫時可以把有機的生命除外）都可以互相變涵，互為條件，在這裏都是原因，到那裏都是結果；但是在一切的形態變化中，運動的總和是依舊不變的（斯賓諾莎說：本質是自己的原因——Substanz ist causa sui——把這個相互作用表現得最好）。機械運動可以變作熱，光，電，磁等等，反之也是如此。這樣子，自然科學又證明了黑格兒的話（在什麼地方？），他說，相互作用是一切事物之真正的最後之因(Causa finalis)。除了這個相互作用之外，我們不能作更遠的認識，因為在他背後都是不可認識的了。我們既然認識了物質運動之各種形態（因為自然科學的歷史很短，所以我們的認識還有許多不完備的地方），我們也就可以認識物質之本身，而我們的認識也就到此為止。格魯維(Grove)對因果現象之一切誤解都由於他不研究相互作用之範疇。他心中也有這個範疇，但是缺乏對他的抽象思想，正是因此才弄糊塗了（第十頁到第十四頁）。我們只以此空泛的相互作用為出發點，才能求得真實的因果關係。假若我們想了解個別的現象，那末我就應當從總的關係中把他抽出來，單獨地孤立地研究他，而在此種情形之下，我們眼前變化着的運動——一方面表現為原因，而另一方面則表現為作用。

* * * * *

運動不滅。在格魯維書中有很好的一處——在第二十頁及以下諸頁。

* * * * *

機械運動。自然科學家總把運動看作機械運動，看作移動。這是從無化學的十八世紀遺傳下來的觀念，他妨礙了對一般事物之明白的了解。如果把運動用在物質上，這就是一般的變化。由於這個誤會便產生了一個熱烈的追求，想把一切都納入機械運動，——格魯維已經「非當地偏於一種思想，以為物質之一切性質，九九歸一都可納入運動中」，（第十六頁）這乾脆地抹殺其運動形態之特性。但是我們又不能否認，每一個高級形態的運動的機械運動（或是外來的，或是分子的）發生關係，正如，高級形態的運動往往可以同時產生別種運動，沒有溫度的及電的變化，則化學的作用是不可能的，假若沒有機械的，分子的，化學的，溫度的，電的以及其他種變化，也不會有有機生命。無論在那一次，即令把這一切形態都齊備了，也還不能竭盡這主要形態的本質。我們可以用實驗的方法把思想「納入」腦筋中的分子運動與化學運動：但是是否能竭盡思想之實質呢？

*　　*　　*　　*

物資之可分割性。在實際上，對科學而言，這個問題都是一樣的。我們知道，在化學裏面，可分割性是有界限的，到了這界限之外，物體就不能以化學的方式行動了（原子），多數原子總是結合為分子。同樣地，在物理學中，我們也採用一種最小的微粒（為便於物理學之研究），他們的排列可以決定物體之形態與堅固程度，他們的振動表現為熱，諸如此類。但是我們直到現在還不知道，

物理學的分子與化學的分子是相同呢，還是相異。——黑格兒對於這個可分割性的問題輕描淡寫地放過了，他說，物質也是這樣的，也是那樣的，既是可分割的，又是聯續的，同時呢，既非如此，又非如彼，（既非可分割的，又非聯續的——譯者），這簡直不是一個答案（參看後來的動的氣體說 Kinetische Gastheorie），但是現在差不多證明了。

＊　＊　＊

自然科學家的思攷‧阿加西斯（Agassiz）的天地開闢說，以為先從一般的創造起，然後才造部份的，然後才造單個的；開始創造脊椎動物，然後創造哺乳動物，然後創造食肉獸，然後創造貓科，最後才創造了獅；即是說先假形於具體之物而創造抽象概念，然後才創造具體之物！參看黑克爾「自然創造史」第五十九頁（可參看馬君武譯「宇宙之謎」第二〇九頁及以後諸頁——譯者）。

＊　＊　＊

歸納與演繹。黑克爾書第七十五頁及以後諸頁，那裏有哥德的歸納的結論，他說通常沒有中顎骨的人應該有中顎骨，於是，他就用了那錯誤的歸納法做出了正確的斷語！

＊　＊　＊

奧根（見黑克爾書第八十五頁）的著作中有一點愚蠢無意思的地方，這是由於自然科學與哲學之二元論。奧根以深思的方法發現了細胞與原生質（das Protoplasm），但是什麼人都不願以自然科

— 68 —

學的方法來研究這個問題，——思攻應該解決這個問題！原生質與細胞一經發現之後，大家都把奧根忘了！

＊　　＊　　＊

Causa finalis und efficientes（最後的因與效因）。這些東西到了黑克爾手中（八十九與九十頁）却變成了合乎目的的行動的原因及機械地行動的原因，因為最後的因即是神！同時，又很簡單地，他的「機械的」即等於康德的一元的，而非力學中的「機械的」之意義。在此種名詞之混亂之下必然產生荒謬不通。黑克爾在這兒所說的康德對判斷力之批評都與黑格兒不相符合。見黑格兒「自然哲學」六〇三頁。

＊　　＊　　＊

信神的自然科學家對於神為最壞。唯物論者乾乾脆脆的說明事物之真象，用不到這一類的鬼話。只有那些執迷的信士弟子硬拉着他們與神發生關係時，他們才談一談神，這時他們必以拉不拉斯的風格簡短地答道：我用不着他，先生（Sire, je n'avals）。或是更粗野一點，用荷蘭商人的神情來答話，當德國的行商硬要把他們那些不中用的貨物批發給他們時，他們說道：Ik kan die zaken nlet gebrulken（我不需要這些貨色），完結。但是怎樣能使這些神的擁護者放棄神呢！神＝＝無意思（nescio），但是愚蠢無識並不是理由（斯賓諾莎：Ignorantia non est argumentum）。在現代

《自然辯证法》中外文稀有版本文献

自然科學史上，神的擁護者之對於神好像耶納（Jena）戰役時一般將軍官員對於菲德列威廉第三的態度。在科學的猛攻之下，一軍又一軍地繳械了，一壘又一壘地降服了，最後，自然界無邊無際的版圖都變成了知識的領土，而造物主竟至沒有容身的地方。牛頓還把他扶作「第一動力」，但是禁止他此後再來干涉太陽系的事務。神父養奇把一切聖書上的榮耀都給了他，而同時又誠心誠意地把他送出太陽系，只允許他在原始的星雲中有創造行為，在其餘各處也是一樣。在生物學中他的那最後一個偉大的唐吉訶德（Don Quixote）阿加西斯把他描寫成了一個切實的蠶物：神不但應當創造眞實的動物，還應當創造抽象的概念，例如魚。到了最後丁達爾（Tyndall）把神出入自然界的最後一道門也堵死了，把他放逐到情緒世界去⋯然而又爲什麼留他一條命呢，這大概是因爲世間應當有一個對此一切事物（自然界）的知識比丁達爾更多的人。眞是不堪回首，當年的神是天與地的造物主，萬物的主持者，沒有他時，一根毫毛都不准從頭上落下，今昔相距，不知其幾千里也！

丁達爾情緒的需要並沒有證明什麼。騎士．德．格里（Chevalier de Grieus）也有愛曼儂．列斯致（Manon Lescaut）的情緒的需要，雖然她會屢次地實了自己而且實了他⋯而當她喜歡怎樣時，他就是作騙子，作小偷都甘心情願。假若丁達爾想以此責備這位騎士時，他就會用他的「感情的需要」來回答他。（十八世紀初葉一本法國小說「曼儂」中之兩位主角）

*

*

*

*

自然界中的起首。昆蟲的國家（通常地不能越出純自然關係的範圍）也可以算是社會的起首。同樣地，能生產的動物也使用工具（如蜂及水獺等等），但是他們的工具只有次要的意義，而無總合的行動。——又如珊瑚羣及腔腸動物的 hydrozoa（水螅原），這裏的個體，最好也不過是個過渡階段，而肉體的團體（die fleischliche community）則為充分發展的階段，參看尼邳爾森（Nicholson）的著作。同樣的。滴蟲（die Infusorien）也是一個單細胞所能達到的，較高的，而又非常特化的形態。

*

自然與精神之統一。自然不能是不合理的，這一點希臘人知道的很清楚；然而現在最偉大經驗派還用他們的推理（不論這推理是否錯誤）來證明他們早已相信自然界是不能不合理的，而藝術也是不能反自然的。

*

科學之分類。每一種科學都研究一種運動形態，或是研究一列互相關聯互相轉變的運動形態。這種分類就是合乎這些運動形態本有的秩序的分類或排列。其分類的意義亦正在此。

*

法蘭西唯物論者的唯物論大部是機械的，在這些唯物論者之後，在上世紀（十八世紀）之末

— 71 —

藥，發生了一種需求，就是把舊有的牛頓林乃派的所有的自然科學加以「百科全書」式的總結算，有兩個最大的天才担負了這項工作，這是聖西門（未完成）與黑格兒。現在呢，對自然的新見解也已經大概奠定了，於是這種需求也來了，也有不少的企圖走向這個方向。現在自然界中發展的總關係已經證明了，因此，這些材料之純外觀的排列是有缺陷的，正如黑格兒巧妙的辯證法的轉變也有缺陷一樣。轉變應由自己完成，轉變應該是自然的。正如每一個運動形態是從另一形態中發展出來，同樣地，這些形態的反映，亦即各種科學也必須一個導源於一個。

＊　＊　＊

原生蟲（Protis）。（一）無細胞的（Zellenlose）原生蟲，其發展始於簡單的蛋白質小塊（Eiweissklumpchen），這小塊伸出或縮回各種不同的假足，即是說其發展始於單蟲（Moneren）。（現在的單蟲與原始的自然不同，因為他們能用有機物為營養品，吞食滴蟲或矽藻 Diatomeen，就是說，他吞食高於他的，而產生却晚於他的，又根據黑克爾之第一表，這物體也有他的發展史，經過無細胞的鞭毛滴蟲而發展來的）。在這裏已經可以看出一切蛋白質的物體都有造形的要求，無細胞的有孔蟲（Foramenifera）的造形趣求已經更進一步了，他從自身中分化出一個巧妙的介殼（其團體對珊瑚已經先事預防），而且已有了高級軟體動物（Molluska）的形態，有一個管狀的吸水器（Siphoneae），同時又路具了高級植物的幹，枝，根，葉等雛形。但是無論如何，他還是個

— 72 —

沒有結構的蛋白質。因此，我們應當分清楚變形蟲（Amoeba）與原變形蟲（Protamoeba）的差別。

（二）一方面，形成了皮（Ectosarc可譯作外肉）及內唇（Endosarc——內肉）的差異，例如輻線蟲（Actinophrys）（參閱尼效爾森第四十九頁），皮唇就開始伸出假足（Pseudopodien）（例如夜光蟲Protomyx已經是個過渡的階段，參看黑克爾的第一表）。蛋白質在這條路上的發展顯然是不怎樣遠的。

（三）另一方面，蛋白質中又特化出了核（Kern）與小核（Nucleolus）。從此之後開始了迅速的造形工程。例如竹粉蟲（Sphaerococus）與夜光蟲都已分化出了細胞膜，這是個過渡階段，這裏又有了伸縮泡循環作用的開始。最後我們又看到他們用細沙來造成甲（如衣沙蟲Difflug，參看尼效爾森第四十七頁），好像螞蟻與其他昆蟲的蛹，這才算是真正地分出了活的介殼。

（四）有經常細胞膜的細胞。因細胞膜堅硬程度之不同而發展成了植物與動物，如細胞膜柔軟，則長生動物（這動物的一般形態如何？是不能確定的），根據黑克爾著作第三八二頁是如此。與細胞膜同時出現的是一種有定的，即有質的形態（Plastische Form）。這裏，當然了，應當把單純細胞膜與特化出的甲殼分別清楚。但是（這又與第三點不同）隨着細胞膜與此小甲殼之形成而停止了假足的伸出（die Aussendung der Pseudopodien auf）。舊形態（鞭毛）與舊形態之形形色色之重複。Labyrinthularu（？）形成了過渡階段，他把他的假足伸到外邊，造成了一個網狀，於是

在某種界邊之內改變了他日常的紡錘狀態，參看黑克爾三八五頁。簇蟲（Gregarinae）過的是高等寄生蟲的生活方式，他們有時並不是個別獨立的細胞，而是一串細胞（黑克爾四五一頁），包含有兩三個細胞（較幼的細胞發展成了有機體，關於這一點請參看馮德的附錄），這是很可憐的。單細胞有機體的更高的發展則為滴蟲，因為滴蟲的確是個單細胞的。這裏已經有了相當的特化（參看尼改爾森）。現在又談到植蟲了（Zoophyte），這類的例子是 Epistylis。單細胞植物的形態也有相當的發展（例如 Desmidiaceae，參看黑克爾四一○頁）。

（五）更進一步的發展是把幾個細胞合為一體，而非合為一羣。在黑克爾的變形類中，第一個便是魔球（Magosphaera planura），在魔球中，幾個細胞的結合不過是發展的一階段（參看黑克爾三八四頁），但是這裏已經沒有假足了（黑克爾沒有肯定地說，這是不是一個過渡階段）。另一方面，發光蟲（Radiolarae）也是一羣未曾特化的細胞，然而正是因此，所以他們才保持了假足及幾何上十分規則的甲殼，已有純粹無細胞根足（Rhizopodien）的作用，好像是這蛋白質以其結晶的形態包住了自己。

（六）魔球成了到 Planula（有毛胚）及 Gastrula（原腸胚）的過渡。此後可參看黑克爾書四五二及其後諸頁。

個體。這個觀念也瓦解了，變成了一個完全相對的觀念，Cormus, 羣體生物，條蟲，另一方面，細胞與Metamer在某種意義上才是個體（人類發生學與形體學Anthropogenie und Morphologie）。

在一切發展的階段上都有形體學形態之重演：細胞形態（在原腸胚中這兩種都包有了）——Metamer之形成，如輪狀體，節肢動物，脊椎動物。兩棲動物的蝌蚪又重複了海鞘幼蟲（Ascidien-larve）的最初形態。有袋類（Marsupialia）的各種不同的形態亦必在下代中重演出來（直到現在的有蕟類還是如此）。

一、在有機體發展的全部歷史上應當應用這個定律：加速與從出發到現在的時間之平方成正比例。地層愈尚，到此事之進行亦愈快。

在黑克爾「宇宙創造史與人類發生史」（Schöpfungsgeschichte und Anthropogenie）上，有機的形態符合於各個不同的地質時期。

全部有機的自然界都是形態與內容之同一或不可分離性（Untrennbarkeit）之結實證據。形態（細胞）之特化決定物質之特化為肌肉，皮膚，骨骼，表皮等物。而反轉過來，物質之特化又決定了形態之特化。

* * * * *

動的氣體說：「在一個眞氣體中，分子與分子的距離是很遠的，甚至可以把他們的相互作用

— 75 —

略而不談」（克勞西斯：「機械熱論」第六頁）。什麼東西填補這些空隙呢？還是以太。這就是物質的自身，假定他是不可剖解的，不能分成分子細胞或原子細胞（Molekular oder Atomzellen）。

*

*

*

*

*

同一律在舊玄學的意義上講來是舊宇宙觀的根本定律：a＝a。每一件東西都與自己相同。一切都是常住不變的──太陽系，星辰，有機體都是如此。自然科學一步隨一步地，在每一次都破壞了這個定律。但是他在理論上依然繼續存在，而古董之擁護者還依然用他來對抗新東西。一件東西在同一時間之內不能是自己又是別的。但是最近的自然科學很周詳地證明了一件事實，說，真正在同一時間之內部必含有差異與變化。而玄學的範疇，抽象的同一只能拿到家常日用裏去用，對象之性質而顯著的錯誤；但是一個昆蟲，其變形蛻化之過程，總合不過幾個星期，這境界便要狹隘致發生什麽顯著的錯誤；但是一個昆蟲，其變形蛻化之過程，總合不過幾個星期，這境界便要狹隘多了（可舉其他的例：如物種之變化往往經過幾千年）。但是在綜合的自然科學中，抽象的同一就完全不適用了。在每一部門中都有缺點。這種同一之觀念，到了現在，在實際上，雖然已經大體上被打倒了，但是在理論上，他依舊統治着人們的頭腦，大部份的自然科學家以爲同一與差異是兩個

辯証法与自然科学

不可調和的對立物，而不是互相依賴的兩極；其實只有在相互作用中，只有在同異互包中，他才會有意義，然而他們却不這樣想法。

　　　　　＊　　　＊　　　＊

當自然科學家忽略了哲學或是凌辱哲學時，他們以為擺脫了哲學。但是他們離開了思攷便寸步難行，而邏輯的論斷又是思攷所需要的，向那裏去找這些論斷呢？於是就向所謂受過教育的人們中去借那時髦的流行的理論，而這些人的腦筋中往往只充滿了久已過時的哲學之殘餘；或是借些大學必修的哲學講演的耳旁風（不只斷章取義地弄到一些雜碎，而且是各種人的各種觀點之混合物，而這些人又各自隸屬於各種不同的學派，而從中剽竊一點，——無論如何他們都作了哲學的俘虜，所可惜者大讀了些五光十色的哲學著作，——這就是了，這些如此暴虐地來凌辱哲學的人們反而作了最不行的哲部份作了最不行的哲學的俘虜。這就是了，這些如此暴虐地來凌辱哲學的人們反而作了最不行的哲學學派之最不行的最惡俗的殘餘之奴隸。

　　　　　＊　　　＊　　　＊

取之於歷史。現代的自然科學——只有他能算是真正的科學——與古代希臘人之天才的猜謎與阿拉伯之零碎的偶然的研究是不同的，他的開端是一個偉大的時代，那時資產階級剛剛擊碎了封建制度的勢力，那時在市民階級與封建貴族鬥爭的後面露面了暴動的農民，隨在他們背後，現代無產

— 77 —

《自然辯证法》中外文稀有版本文献

階級的革命先鋒隊也上台了，他們手中持著紅旗，他們口中念著共產主義，——他開始的時代正於歐洲君主專制產生的時候，是敎皇的神權獨裁破壞的時候，是希臘的古代復活的時候，在這時代中，他伴著他的時代之同伴，伴著新時代藝術之最高度的發展而出現了，打破了舊世界的界線，老實講來，這時才發現了大地（他也是革命的，有如他的時代）。

這是世界上所發生的一切革命中最偉大的革命。自然科學就在這革命之空氣中產生了，他是徹頭徹尾地革命的，這時偉大的意大利人正把他們的殉道者送上火刑場與監牢，這時自然科學與這些偉大的意大利之驚世的新哲學是手牽手的。很特別地是新敎徒也追隨天主敎徒之後來捕殺他們。新敎徒火焚了賽爾維（Servet），而天主敎徒却燒死了勃魯諾（Giordana Bruno）。這個時代需要巨人，也產生了巨人，學問的巨人，精神的巨人，與性格的巨人，——這個時代，法國人稱之為再生（die Renaissance），這是很正確的，而新敎徒的歐洲則稱之為宗敎改革（der Reformation），這是很片面的，也是很蓋氣的。

這時自然科學也宣佈了他的獨立，誠然，不是一開始就如此，正如路德在原先也並不是一個新敎徒。當在宗敎的領域內路德火燒敎皇的敕書時，在自然科學的領域中就產生了哥白尼的偉大著作，他還本著作，雖然是有些胆怯，經過了三十六年的動搖，最後在死之榻上才發表，但總是向敎會的迷信投下的一角戰書。從此之後自然的研究算是眞實地擺脫了宗敎的管束，雖然是一直遷延

— 78 —

到現在，在許多人頭腦中還沒有能夠詳盡地弄清楚這個問題。但是從此之後，自然科學的發展邁進了大大的一步。其發展之速與其出發以來之時間之平方成正比例。確切地說，他想告訴全世界，支配有機物質之最高榮華的運動，即支配人類的精神的定律，與支配無機物質的運動的定律是相反的。

新自然科學的第一時期被牛頓完成了（在無機世界的領域中）。這是個支配現有材料的時期；在數學，天文學，靜力學，動力學的領域中有很大的進步，其進步之多特別由於凱普萊及蓋律雷的工作，牛頓從他們兩人中借用了很多東西。然而在有機現象的領域中還未能走出知識啓蒙的邊界。還未能用歷史的方法研究那些互相繼續互相變化的生命形態，同樣也還未能用歷史的方法研究生命之適合的與變化的條件，——那時還沒有古生物學與地質學。那時只注意到空間的吸引力；各種形態之組成並非一個晚於一個，而是一個鄰近於一個。大家把自然史看作一個不變化的，永世常住的東西，類似行星的橢圓軌道。還沒有來徹底地研究有機生命的形態的科學。於是本來革命的自然科學便遇到那道地保守的自然界，即是說還沒有化學及主要研究有機構造形態卽細胞的科學。

很特別的是這種自然界的保守觀念，一開始在無機世界中，後來又到了有機世界中……宇宙開始時一樣，在這自然界中，一切的一切，直到宇宙終結時，還與宇宙開始時一樣。

《自然辯证法》中外文稀有版本文献

天文學　物理　地質學　解剖學　醫療學(Therapeutik)

力學　化學　古生物學　植物生理學　診病學(Diagnostik)

數學　　　礦物學　動物生理學

第一礦是康德與拉卜拉斯。第二礦是地質學與古生物學：雷爾(Lyell)，緩進說。第三礦是有機化學，他可以製造有機體，證明化學定律也可以應用到別的物體上去。第四——格魯維一八四二年的機械熱。第五——達爾文，拉馬克，細胞等等（居維Cuvier與阿加西斯的鬥爭）。（指出舊宇宙觀的矛盾：如第一動力，無數有機物之創造進行動，目的論）。第六——解剖學中的比較要素。氣候學。十八世紀中葉之科學攷察與科學旅行（等熱線 Isothermen）。動物地理學，植物地理學，及一般的自然地理學（洪保德 Humboldt），材料之匯集。形體學(Morphologie)——拜爾(Baer)的胚胎學。

舊的目的論完結了，現在有一種很堅決的信念以為物質在其永恆的旋動中，依照某種定律而運動，這個定律在某種程度之內必然發生於能思精神(Denkend Geist)的有機世界之內（但是不一定在什麼地方）。在勳物所居住的勳物所適應的條件之下，其常態的生存是有了：但是人類剛剛從勳物世界（狹義的）中分化出來，他的生存條件還沒有……只有將來歷史的發展才能造成此種條件。人類——這是唯一的，能夠自己跳出禽獸生活的勳物——他的經常狀況合乎他的意識，他應當自己造

成這些狀況（理論發展的矛盾性：現在從空虛之恐怖 horron vocui 轉到了絕對的，空虛的，宇宙太空，此後才出現了以太）。

*

平空發生（Generatio aequivoca）。過去一切研究都得到下面的結果：以有機物的溶液露於空氣中，可以產生下等的有機體：如原生物，細菌，滴虫。他們從那裏來呢？他們是起於 Generatio aequivoca 呢，還是起於空氣中攜來的種子呢？這樣，我們的研究已經限於極小的範圍內，限於生質起源（Plasmogenie）這一個問題。

*

在相信物種不變的時代，的的確確都認爲在一個有機體的解體中可以產生另一種新的活的有機體。那時他們必須承認一切東西，甚至最複雜的有機體都可從死物中得到最初的產生。如果那時不願意乞靈於創造的行動，則很容易得到一種觀點，以爲這個過程是很容易解釋的，因爲可以假設有機世界中自能發生造形的物質。那時也不必想什麼以化學的方法製造哺乳動物，因爲哺乳動物可以直接地從無機物質中產生出來。

*

但是這種假設與現代自然科學的現狀是不能並立的。化學對於死去有機體腐化過程加以分析，證明這個過程是一步一步地趨於更死，造成了更接近於無機世界的產物，他對於有機世界越發不適用了：只有當一個已存的有機體適當其時地利用這腐化的產物時，這些產物才能被利用，即是說，

— 81 —

這過程才會換一個方向。細胞組織中最主要的角色，即蛋白質，最先分解，而且想用綜合的方法以求製成蛋白質直到現在還未成功。

不寧唯是。我們所研究的，有機溶液中所最初產生的有機體是一種較為下等的有機體，但是有相當特化的細菌，酵母等等都已略具生命過程，有各種不同的階段，——而一部份滴蟲則已有十分完備的器官。他們都是單細胞的。我們已經認識了熟悉了無構造的單蟲，這時如果我們希望細胞（甚至一個都不行）從死的物質中直接產生出來，而不是出於無構造的活的蛋白質，想這樣來解釋他的起源，那就豈有此理！要想強迫自然在一勺臭水中，於二十四小時之內，完成他幾千年的工作，那不是更豈有此理麼？

在這一種關係上，巴斯德（Pasteur）的試驗沒有絲毫益處，因為，如果有人相信還是可能的，他的試驗中沒有一個能證明他的不可能性。但是這些試驗是很重要的，因為他們啓發了後來對有機體，對其生命，對其胎芽的研究者不少。

  *

  *

  *

力。黑格兒「哲學史」第一卷第二〇八頁上面講道：「說磁石有靈魂（塔列斯語）實較勝於說他有吸引力…力，這一種特性好像可以與物質分離，是一個賓詞…靈魂却是其自有的運動，同乎物質的本性」。

黑克爾，「人類發生學」，七〇七頁：「根據唯物論的宇宙觀，物質或物（Stoff）的存在較早於運動或活力⋯物創造力！」這與力創造物的理論同樣的錯誤，因為物與力是不能相離的。他把他的唯物論放到那兒去了？

梅葉爾，「機械熱論」第三二八頁：康德已說出過我這思想，說漲潮與退潮有使地球自轉漸遲的作用（根據亞當 Adams 的計算，恆星日的加長，每千年為百分之一秒）。

＊　　＊　　＊

對自然界的關係也必須用辯證法的思攷而不能用不變範疇，例如，墜體律在物體下落至數分鐘之久時便不正確了，因為這時再以地球的半徑為無限大就必然會發生顯著的謬誤⋯蓋地球的吸引力逐漸增長，而非如蓋律雷墜體律所規定的永遠自己相等。但是現在學校裏還是教授這個定律而不加絲毫注解。

＊　　＊　　＊

瓦格湼（Moritz Wagner）「自然科學之爭論問題」（Natuwissenschafiliche Streitfragen 這篇論文載於奧斯堡通俗時報一八七四年十月六，七，八三日的附刊上面）。

李比希（Liebig）在他晚年的時候，在一八六八年告訴瓦格湼道：「生命與物質本身同樣地古老，同樣地永存，只這一個假定已經够用了，在這個簡單的假定之下，生命起源的一切爭端都沒有

童思了。實際上，如果我們說有機生命與炭素及其化合物（！）一樣的原來就有，或是如一切不可造不可滅的物質，或是如那與宇宙太空中物之運動永遠聯在一起的諸力一樣地古老，這又有何不可呢？」

後來，李比希又講（瓦格涅以為是在一八六〇年十一月）：他以為，有機生命或是從宇宙太空中「帶到」我們行星上，這個假設也是「可以採納的」。

海爾姆何茨說：「假若我們用無生物製造有機體的一切企圖都遭了失敗，那末我想，我們就不妨問一問：一般地說來，一個生命是否是後起的，他是不是可以與物質一樣古老，他的種子是否可從一個星體攜至另一星體，找到適合的條件而隨處發展呢？」（見湯姆生著「理論物理學講義」Handbook of Theoritical Physics 德文譯本第二部海爾姆何茨的序言。）

瓦格涅說：「物質是不可毀滅的，是永存的，無論何種力量都不能將他化為烏有，這一個事實已經足夠使化學家確定物質也是不可創造的……。但是根據現在流行的意見（？），都把生命看作組成最下等有機體之各簡單原素所必具的性質，這屬性同這些根本物質及其化合物（！！）一樣地古老，一樣地本來就有。」

關於生命力也可作如是觀，如李比希所作，他在「化學書簡」中認為，生命力「正是」造形的本原，行動於物理力範圍之內，經過物理力而行動，就是說這本原並不行動於物質之外。但是，

只有某種適當的條件之下，物質的性質才能成為生活力：這些條件自太初以來即存在於無限的太空中，佔據無數的地點，同樣在各個不同的時間內又常常更換他的位置。這樣看來，在液體的地球上與在氣體的太陽上都不會有什麼生命，但是這熾熱的天體上有一種十分龐大的氣圍，根據最新的見解，以為這氣圍的組成物也與充滿宇宙太空中的極稀薄的物體相同，不過受天體的吸引而已。造成太陽系的旋勳星雲，其大直達海王星的軌道，他把「所有的水（！）」這大氣圍又異常濃厚地充滿了炭酸（！）。這樣看來，他必然含有最下等有機種子存在所必需的根本物質」；同時，在這旋勳星雲中，「各部份的溫度必然相差很多，因此我們完全可以假設在這星雲中必有一地方具有有機生命所必需的各種條件。因此，我們可以把天體的氣圍以及旋勳的宇宙星雲看作有生形態（der belebter Form）的永久儲藏所，看作有機胚胎的熱將他們燒死時，才會斷了他們。因此他們（Vibrioniden etc）「在一切天體的氣圍中，凡是有適赤道上造成一六，○○○尺的高山。波特（Perty）說，他們「差不多到處有」。什麼地方過份的炎永恆圍地」。最小的，活的原生物，及其不可以肉眼看見的種子，堆積起來可以充塞大氣圍，而在當條件的地方，他們的存在都是可想像的」。

「又據孜恩（Cohn）說，微菌是非常細小的，在一個立方米里突中有 633,000,000 個，而 636,000,000,000 個總共重量不過一格蘭姆。球狀微菌還要小些」，而比他們更小的或者還有。但是

— 85 —

Vibrionide 已有五光十色的形體；「他們有時是球狀，有時是卵狀，有時是桿狀，有時是螺旋狀」，因此，他們的形態已經清清楚楚地表現出來了。「現有一個假設，認為此種或類此的，最簡單的，動搖於動植物之間的，中性的原始存在物，在一個很長久的時期中，因天體上物理條件之變化，以及個別種屬因空間上的特異而產生了個別的變異性及後得特性之遺傳能力，就根據這種種他們（指中性原始存在物）可以發展為自然中動植兩界的五光十色的高級有機體。」──這個假定是很有道理的，所以直到現在還沒有人認真的來反對他。」

還應當指出一件有趣的事情，就是李比希對於化學的最近的親屬是個何等的愛好者。他在一八六一年才讀到了達爾文的著作，至於晚於達爾文的一些生物學與古生物學的重要著作則讀得更晚。他「始終沒有讀過」拉馬克的著作。「至於一八五九年之前出版的一些古生物學的專門研究，如布希（T. Buch），道比尼（d'Orbigny），蒙斯特（Munster），克里卜斯坦（Kilpstein），賀葉爾（Hauer），昆特（Quenstedt）等人的關於頭足類（Cephalopodien）化石的著作對於各種生物發生學上的關係啓發了不少，但是他完全沒有讀過這些著作。上面這一切研究者差不多都迫於事實壓力，而不得不違背自己的意思走向拉馬克的活物起源的假說」──這還是在達爾文的著作問世之前。這樣已經很顯然了，凡是對於化石有機體加以較切實的比較研究的學者，他們的意見都可證明進化論。布希在他一八三一年的著作「菊石研究」(Über die Ammoniten und ihre Sonderung in

Familien)中，及一八四八年在柏林學院所宣讀的報告書中「萬分堅定地把拉馬克的有機形態之樣式之相似即爲其同原的標識，這一個觀念引入化石科學」。他在一八四八年，在「菊石研究」中得到了一個結論：「舊形態之消滅與新形態之出現絕對不是有機類完全毀滅的結果，從較舊的形態中形成了新種，這大概只是生命條件發生變化的結果」。

* * *

註釋。上面所談「永恆生命」與生命外來的假說承認：

（一）蛋白質的永存性，

（二）原初形態的永存性，從這蛋白質與原初形態中可以發展出所有的有機生命。這兩種都是不可能的。

第一，李比希確定說炭的化合物與炭素是一樣地永存，這句話如果沒有乾脆錯完，也是不很準確的。

（甲）炭素是不是一個簡單的原素呢？如果不是，那末他本身便不是永有的。

（乙）炭素的化合物在混和，溫度，壓力，電壓等等的相同條件之下，會發生同樣的現象，只有在這種關係上他才是永存的。例如最簡單的炭素化合物CO_2或是CH，如果說他們是永存的，即是永遠地住在一起，而不是經常地由原素化合成功，不是經常地分解爲各種原素，——誰都不會承認

揑樣地永存性。假若我們像承認其他炭素化合物一樣承認蛋白質是永存的，那末，他不但應當依照實際情形經常地分解爲各個原素，而且應當經常地從這些原素中新生出來，並且毫不假借原有蛋白質的幫助。——這與李比希的結果是極端相反的。

（丙）蛋白質，這是我們所曉得的炭素化合物中最無經常性的。他有一種天賦的作用，我們稱之爲生命，他如果失去了完成這天賦作用的能力，他馬上就會分解：而他又爲其本性所限，早晚都會失去他這能力。這就是他們所說的，應當永存的的化合物，並且應當在宇宙太空中担負起溫度與壓力的一切變化，應當忍耐食品與空氣之缺乏，等等之類，……然而他的溫度的最高界限却又這樣低——低於攝氏溫度表一百度！蛋白質存在的條件比起其他已知的一切炭素化合物的存在條件實在複雜到無限倍，因爲這裏不祇要顧到物理性質與化學性質，而且要顧到營養作用與呼吸作用，還兩種作用又需要其環境中十分固定的物理關係與化學關係，——然而他們却要強迫這蛋白質忍受自古迄今的一切變化，而亙古永存！李比希「從兩個假說中一視同仁地（Ceteris paribus）挑選了一個最簡單的」。但是世間有許多東西，看來十分簡單，而實際上却甚有此理地麻煩。假定亙古以來已有了千千萬萬的，前仆後繼的活的蛋白質存在——而且無論在何種環境之下，他們都是依然故我不爽毫髮——這眞是一切假定中最令人頭痛的假定。此外：天體之氣圍以及星雲，在開始時都是熾熱的，簡直没有蛋白質容身的地方。一言以蔽之，九九歸一，生命之偉大儲藏所還應當是宇宙太空

— 83 —

——這裏既沒有空氣，又沒有食品，而溫度呢，無論何種蛋白質到了這種溫度裏，不但不能發生作用，而且不能立足！

第二，我們現在所談的 Vibrionide 與 Mikrokokkus 已經是十分特化的物體。這是一個蛋白質的小塊，他已經特化了膜，但是還沒有核。然而有一些能夠發展的蛋白體變成細胞時便首先造成了核，而後更進一步的發展才有細胞膜（例如變形蟲與竹粉蟲）。這樣看來，我們這裏所研究的有機體走的是一條死路，不能作為高等有機體的始祖——這是我們根據已知的材料而作的判斷。

海爾姆何茨說什麼製造人工生命的企圖毫無結果等等的話真是道地糊塗的小兒語。生命——這是蛋白體的存在形態，與其周圍的外部自然界舉行經常的物質交換這種物質交換是他的根本要點，這種物質交換如果停止，這生命也就隨之而停止，結果是蛋白質的解體。即在無機體之間也可以發生此種物質交換，實際上在各處都發生了，因為各處都有雖然很慢的化學作用。其差異在乎：無機體之物質交換只破壞了自己，而有機體之物質交換則為其存在的必要條件。如果在某年某月我們真用化學的方法構成了蛋白體，那末他們也必然有生命現象，也必然有物質交換，雖然這交換很有限，雖然時間非常短促。當然了，這種物體最好也不過具有最粗糙的單蟲之形態（或者是更低的形態也未可知），但絕對不是一個有機體的形態，因為有機體（Organismus）經過千千萬萬年的發展才特化出來，才特化出皮膜與肉體，才具有了遺傳下來的形式。總而言之，如果我們對蛋白質化學成份的知識老是

像現在這個樣子，再不要妄想什麼人工製造蛋白質，換言之，或者，在最近幾世紀之內而埋怨我們的企圖之不能成功，這埋怨都是很可笑的。

我們上面的斷語是說物質交換為蛋白體的活動之特徵，但是特勞伯（Traube）的「人工細胞」（Kunstliche Zelle）之生長或者可以反對我們這個斷語。然而這不過藉內滲透（Endosmos）的作用把某種液體吸進來而已，並未加以任何變化。而物質交換把物質吸收時，將他的化學成份改變了，有機體將他同化了，而其殘餘則排洩出去，有如有機體本身因生命過程而產生的分解產物（我們時常講無脊椎的脊椎勳物，同樣地，在這裏也可以把這無機的、無形態的、未特化的蛋白質小塊稱作有機體。在辯證法上這是講得通的，因為既可以拿脊索 Ruckenstrang 作脊梁，則初生的蛋白質小塊中又何嘗不可以包含無限多高等有機體的胚芽呢）。特勞伯『細胞』的意義在乎他能够證明，在無機自然界中，在沒有炭素的地方，也有內滲透作用與生長。

初生的蛋白質小塊應具一種能力來吸食養氣，炭酸與亞母尼亞及周圍水中所生的些許鹽類。他們還沒有吸取食物的器官，所以他們還不能互相吞食。由此可見他們比現在的無核單蟲還要落後到何等田地，因為無核單蟲還可以吞食砂藻等物，由他也可以推知許多特化有機體的存在了。

＊

＊

＊

反作用。力學的反作用，物理學的反作用（如熱等等）在每次反作用之後便耗盡了。化學的反

作用則改變了捲入反作用的物體之成份，欲求恢復原狀，必待新量之增加。只有有機體可以獨立地調度此反作用（然而要他的能力範圍之內【夢】），而且有充分的食品供給的時候，——同時這食品必須在同化之後才能發生作用，不像下等生物之直接），這樣看來有機體具有獨立的反作用力：：新反作用必須經過他的中介然後才能發生。

*

同一與差異。在微分中已有掛證的關係，在那裏 dx 為無限小，同時又可以實際上產生一切。

*

數學問題。世間好像沒有比數學的要素卽算術四則基礎更牢的東西。然乘法實為某一些相同數的簡便加法，除法則為其簡便減法。在某一情形之下，如果除數是一個分數，則將此分數顛倒乘之可以代除。代數學更進了一步。每一個 $(a-b)$ 的減都可變作 $(-b+a)$ 的加，而 $\frac{a}{b}$ 的除又可改 $a \times \frac{1}{b}$ 的乘。說起冪來則又更進一步了。一切計算方法之不變的差別都取消了，一切都可變作相反的形式。列如冪可作根式（$x^2=\sqrt{x^4}$），根又可作冪式（$\sqrt{x}=x^{\frac{1}{2}}$）。一個單位如被冪除或是被根除，則可以寫作分母的冪（$\frac{1}{\sqrt{x}}=x^{-\frac{1}{2}}$；$\frac{1}{x^3}=x^{-3}$）。

一個冪如果被一個數乘或除，可以變作他指數上的加與減。任何一個數都可作為任何另一數之冪（對數上 $y=a^x$）。這種從一個形態過到另一相反的形態之轉變並不是一種無益的遊戲，而是

現代數學知識之最有力的槓桿，如果沒有了他就沒有方法去解決一個複雜的算題。只要廢除數學中的負冪與分數冪，便無法再進行數學計算。

（一×一＝＋，小＝＋，$\sqrt{-1}$ 等等早已展開了）。

笛卡兒的變數（Variable Grosse）是數學中的轉向點。運動與辯證法因此打入了數學，因此微分術與積分術慢慢成了必要的東西，於是不久就產生了微積分，他經牛頓與萊布尼茨之手而全部完成了，然而遺科學却不是他兩個發現的。

*

漸近線（Asymptote）。幾何學一開始就說，直線與曲線是絕對相反的，直線完全不能表現曲線，曲線亦不能表現直線，他們兩個是不能共量的。然而想計算圓時就不得不用直線來表現他的圓周（Peripherie）。在曲線與漸近線的例子中，直線完全化成了曲線，而曲線則化為直線；平行線的觀念也消滅了：兩條線並不是平行的，而是繼續不斷地互相接近的，但是永遠不能相交。曲線之兩端逐漸伸直，但是永遠不能變為真正的直線。在解析幾何中也是一樣，把直線看作對曲性無限小的一等曲線。但是不論對數曲線的x是何等地大，始終不能使y＝0。

*

零冪（Potenzen hoch Null）。其意義在乎下面的對數列：

一切變數都要在某一地方經過單位，因此任何（一個可變冪，例如 $a^x=1$，如果 $x=0$，則 $a^0=1$，他的常數都可證明一個單位應與 a 冪列之各員有關係。只有在這種情形之下他才有意義，才能得到有益的結果，$\Sigma x^0 = \frac{x}{\infty}$，反之則不可能。從此可知，單位之自身（即 1 之自身）雖然表面上像是自同的，其實卻不然，他內部包有形形色色，因爲他可作任何一數的等冪。這種形形色色（Man-igfaltigkeit）並不是杜撰的，在一切地方都可發現他，假若把這單位看作一個固定的單位，如果他是一個過程的可變結果之一，如果他是與這過程有關係的瞬間數（Momentane Grosse）或是一些變數的形態。

*　　　*　　　*　　　*　　　*

$10^0, 10^1, 10^2, 10^3$
　0　1　2　3　log

直線與曲線。在微分中他們是完全相同的，相等的。當如在微分的小三角中，其弦則爲弧上之微分（用切法 Tangentenmethode），我們可以把這絃看作「一條小直線，在同時之內，既作弧的一節又作切線的一節」，這個不在乎你把曲線看作無限多直線的組合體，或是看作「眞正曲線，因爲在每一M點上彎曲程度都是無限小的，因此曲線上的一節（L'element de la courve）與切線上的一節之最後關係爲顯然的相等的關係」。這種關係雖然繼續不斷地接近於相等的關係，但是依

照曲線的本性講來，這接近是漸近式的(asymptotisch)，因為其相切處只是一個無長度的點，而最後的結果呢，却承認直線與曲線的接近是可能的（參看 Bossut「微積分」第一四九頁）。在極曲線中，把微分的想像的橫線(abszisse)看作平行的眞實橫線，而且就這樣發生作用了，雖然這兩條線相交於極上；甚至由此得個結論說這兩個小三角相似，其中有一個三角的角剛好落在二線相交的點上，照這樣說來，什麼都可以相似了（第十七圖）！如果曲線與直線的數學便這樣子山窮水盡了，滿可以另闢一塊新的無邊無際的疆土，這就是將曲線作直線（微分小三角）的數學與將直線作曲線（變曲性無限小的一等曲線）的數學，嗚呼玄學！

＊ ＊ ＊

以太。如果以太有阻力，那末就會妨礙光之通過，而且達到某一距離之後，光就不能通過了。既然以太能傳光，能作光之媒，從此我們就必然得個結論說他對光亦有阻力，假若不是這樣，則光便不能使以太發生波動。這是梅德萊(Mädler)與拉夫洛夫(Lawroff)爭論問題的解決。

＊ ＊ ＊

脊椎動物。他們的特徵在乎把全體都團結在神經系統周圍。這使他們得到了意識發展的可能。對於其餘的動物而言，神經系就是次要的，而在這兒却是全有機體的基礎；神經系統發展到相當程度的時候（因爬蟲的頭向後伸長的原故）便支配了全身，而且可以依照其自己的需要來支配他。

宇宙太空中熱之消散。拉夫洛夫所說的關於已減天體再生的一切假說都要承認運動之喪失。消散的熱，即原始運動絕大部份都喪失了。據海爾姆何茨計算已喪失453/454。這樣子，到頭來必會使一切運動喪盡而停止。究竟這散失到宇宙太空中的熱怎樣才二次運用起來呢，曉得了這一點才可以徹底地解決這個問題。運動轉變的學說把這個問題放進了絕對的形態，並要立即答覆。但是同時也有了他的解決條件，——C'est autre chose（這是另外一件事）。運動之轉變與其不滅性直到三十年之後才被發現，直到再近才從這發現做了更進一步的結論。究竟怎樣去泡製這已經消失的熱呢，這個問題姍姍來遲，直到一八六七年才提出來（克勞西斯）。然而還是沒有解決，這却並不奇怪：要想用我們現有一點可憐的知識來解決這個問題，或者還需要很多時間。但是他始終是要被解決的，這是千真萬確的，有如自然中不會有什麼奇蹟，有如原始星雲之熱並非用什麼神怪的方法從宇宙之外取來一樣地千真萬確。當我們研究個別情形的困難時，運動是為無限與運動量不可竭盡的普通斷語也沒有什麼用途。這樣子，我們也不會走到已死宇宙再生的結論，除非是我們承認了上面的假說，承認力之經常的喪失，然而這都是暫時的現象。當已消失的熱重新利用的可能還未發現時，這大旋動是不會恢復的，而且將來也不能恢復。

牛頓的力之平行四邊形的定律，必在太陽系的大環分離的時候，他在太陽系中才是眞實的。因爲這時的轉動自己與自己發生了矛盾，他一方面取吸引力之形式，而另一方面則取切線力之形式，但是當這分離發生時，運動又作了辯證過程的證據，作了分化必然發生的證據。

＊　　＊　　＊

深水蟲（Bathyblus）。他身上的石頭可以證明，蛋白質的原初形態雖未具有任何的形態之特化，但是已經包含了骨骼形成的種子與其能力。

＊　　＊　　＊

悟性與理性(verstand und vernunft)。這是黑格兒所下的區別，照此說來，只有辯證法的思攷才是合理性的，才有相當的意思。至於一切悟性的行動則爲人與動物所共有：歸納，演繹，以及抽象（二足與四足的類似概念），未知物的分析（硬皮果實之剖開已經是分析的開始），綜合（如動物所要的小狡獪），以及二者合一的實驗（當有新阻力的時候，當情形與環境生疎的時候）。凡此一切方法，凡是科學研究法已知的與常有的邏輯都是人與高等動物所共有。不過只有程度之差而已（視某一方法之發展如何）。人與動物所共有的方法之根本要點是相同的，所以結果也相同，這是因爲兩者都乞靈於這根本方法，而且以此種方法爲滿足。——反之，辯證的思想却爲人類所獨有，（一）因爲他是研究觀念本身的本性），但是要有辯證的思想也必待發展到較高程度的時候（如佛教徒

（與希臘人），其完滿的發展更是遲了，直到現代哲學才算達到。話雖如此，希臘人的成功卻不為不大，在科學研究的許多出類拔萃的著作中都收了很大的成果（化學的研究以分析為主要的形態，但是如果沒有與他完全相反的綜合也不成功）。

*　　*　　*

全歸納派（der Allinduktionist）。世間一切歸納法永遠都不會把歸納過程的本身解釋清楚。只有對這過程加以分析才可以。——歸納與演繹的相互關係是必要的，有如分析與綜合一樣。要想在兩者之中選出一個方法高高地抬到天上去壓倒另一方法，倒不如老老實實地各歸原位地來應用他們，但是要想這樣應用他們又必須看到他們的相互關係，看到他們的相互補充（sichergänzen）。據歸納派說，歸納法是神聖不可侵犯的方法。好像日常的新發現都是他最可靠的結果：還是非常錯誤的。光子（lichtkörperchen）與熱素（wärmestoffe）不都是歸納法的結果麼？而今安在？歸納法又告訴我們說，一切脊椎動物都有脊髓或頭腦是從神經中樞特化出的，這脊髓（rückenmark）則包在頓骨的或硬骨的脊椎中，因此這種動物便取名為脊椎動物：但是又發現了一種蛞蝓魚（amphiosus），魚類是一生物中專門用鰓來呼吸的脊椎動物。但是又發現了一種動物，差不多所有的人都稱之為魚，然而他除去鰓之外，還有很發達的肺，而且每一個魚都有他的膘即氣泡（luftblase），這就是他的位肺（Potentalle lunge)。歸納派自然科學家都感覺到了這一些矛盾，而想擺脫他們，黑克爾則用進化說（發展說）之大膽的應用拯救了這些科學家。——假若歸納法果眞是神聖不可侵犯，那末這有機世界之分類中的無數革命又從那裏跑來？他們（分類）都是歸納法之最老牌的出品，然而他們卻互相殘殺。

＊　　＊　　＊

氣動說應該告訴我們一些，分子旣然向上追求，爲什麽同時對下還能有壓力，他們又怎樣能够不顧重力如何而能與地心漸漸遠離呢（姑且承認大氣團對宇宙太空的關係是經常不變的），然而他們達到某種距離之後，此時重力已依距離之平方而遞減了，然而他們卻在此時因重力之故而不得不入於靜止，甚至不得不轉回去。

＊　　＊　　＊

克勞西斯（如果是正確的）證明世界是創造的，所以物質（ergo）也是可製造的，所以他也是可毁減的，所以力即運動也是可製造並且可毁減的，所以「能力不滅」的學說都是胡說，所以他從這學說中所引伸出的一切結論也都是胡說。

＊　　＊　　＊

兩個物體之化學的同質（verwandtschaft）基於他們每個都含有他們兩個共同的第三體（Kopp: 「發化學上眞正唯一的物質，這觀念自古以來直到拉瓦謝止都合乎一個傳佈很廣的幼稚觀念，以爲

達史」第一〇五頁)。

硬而牢的線(hard and fast lines)與進化論是不兩立的。脊椎動物與非脊椎動物之間的界線已經不是常住不變的。而魚與兩棲類，鳥與爬行動物之間的界線也一天一天地消滅了。細頸龍(compsognathus)與始祖鳥(archaeopteryx)之間只空幾個中間的位置而已，而有牙齒的鳥啄却在東西爾牛球上都有。非此卽彼，這句話已經不適用了。在下等動物中已經不能再有嚴格的個體(individumm)之觀念。不但是因為不能講什麼個體生活或羣生，問題在乎，進化史中沒有一個個體終結而另一個體開始這一回事。——在自然科學發展的現在階段中，一切差異都交流於中間諸段，一切相反的東西都可經過中間諸節而互相轉變，所以舊的玄學的思攷法便不中用了。辨證法不知有堅而牢的絕，自然也不承認那放諸四海皆準的「非此——卽彼」，他可以把那千古不易的玄學的差異互相調換一下，而且除了「非此卽彼」之外又很正確地看到了亦此亦彼，他把矛盾調和在一起，辨證法——這是唯一的，適合於高級發展的思攷方法。當然了，對於日常應用，對於科學的零售商粟，玄學的範疇還保有其相當的意義。

*　*　*

*　*　*

*　*　*

所謂客觀的辯證法實可支配全自然界，而所謂主觀的辯證法卽辯證的思攷只不過是統治於自然

界中的運動之反映,這運動必得經過對立,而對立則以其最後的相互轉變(或轉到較高的形態)來決定自然界的生活。吸引力與排拒力。磁則始於兩極之對立,在這裏兩極之對立可以發現在同一的物體中;而在電中,却能把兩極分配到兩個物體上而使之互相吸引。一切化學過程都可歸到化學吸引與化學排拒的現象中。在有機生命中也應當把細胞核之形成看作活的蛋白質之趨極(polarisierung)現象,發展論可以告訴我們,從一個簡單細胞開始,怎樣一步一步地前進,一方面發展成爲最複雜的植物,而另一方面則發展成人,這過程是在遺傳與適應之經常鬥爭的形態中完成的。又可以看出,「積極」「消極」等等之類的範疇是何等不適於此種的發展形態。我們可以把遺傳性看作積極的保守的方面;而適應則爲消極的方面。然而就進步方面來看,則適應實爲創造的,自動的,積極的方面,而遺傳則爲發生阻力的,不動的,消極的行動。旣然在歷史中進步是現存秩序之反面,那末,純就實際講來,最好是把適應看作消極的行動。在歷史中,在一切先進民族的最好時代中,由對立所產生的運動表現得特別顯著。當這個時候,人民眞是要二者之中必擇其一了:非此,卽彼!問題之提出往往與各時代庸俗的政客所希望的不同。譬如一八四八年的德國自由派的俗人到了一八四九年時,忽然地,出其不意地,不情願地遇到了一個問題,於是就驚異起來,這問題是:如果不是回轉到更厲害的舊反動中去,那末就要繼續革命一直達到共和國,甚至是一個有社會主義基礎的統一共和國。他沈思了不久便下手建造了曼陶飛爾的

反動（manteuffellsche reaktion），這就是德國自由主義的繁花。同樣地，法國的資產階級到了一八五一年也完全出乎意外地走到進退兩難的山谷中：或是帝政與督政制的滑稽畫與騙子的佩刀對法蘭西的剝削，或是社會民主的共和國——結果他拜倒在騙子的佩刀之下了，因為他想借佩刀以剝削法國的工人。

　　＊　　　＊　　　＊

　　生存競爭。現在的達爾文派在以前只看到有機自然中和諧的通力合作，說植物怎樣以食品與養氣供給動物，而動物則以糞，亞摩尼亞與炭酸供給植物。但是達爾文的學說一被公認之後，這些先生們又到處只能看到鬥爭。在某種極狹的範圍之內，這兩個概念都是正確不誤的，然而他們兩個又同是片面的，偏執的。自然界中死物體之相互關係包有和諧與衝突，活物體之相互關係則包有有意識的或無意識的合作以及有意識的或無意識的鬥爭。在動物與植物的世界中不能只看到片面的「鬥爭」。要把生命之歷史發展與複雜化的形形色色都納入片面的與單薄的「生存競爭」的公式中，真是完全全的幼稚。這等於沒有講出個所以然來，甚至更壞。

　　＊　　　＊　　　＊

　　達爾文的競爭論之全部，實際上，乾乾脆脆地是抄襲霍布斯 bellum omnium con´ra omnes（一切反抗一切的鬥爭）的理論，是抄襲資產階級經濟學上的競爭論以及馬爾薩斯的人口論，不過從社會範圍內搬運到有機自然界中去而已。變了這個戲法之後（他是否完全正確尚待爭論，特別是

馬爾薩斯的學說更成問題）也很容易把這個理論從自然史再搬回社會史。如果相信，因這樣一搬弄便把這個理論造成了社會生活永世不易的定律，就未免太糊塗了。

但是 for argument's sake（爲着辯論）我們不妨在生存競爭的口號上多逗留一會兒！動物，他們最多不過收集生存手段，然而人類却可以生產他，自然界離開人類社會便不能生出的生存手段（廣義的），人們也能得到。這樣一來，把動物社會的定律搬到人類社會中的一切搬運如果沒有相當的理由是要被禁止的。因爲有了生產，所以生存競爭便不能只限於生存手段，而且要包括享樂手段，發展手段。到了這個時候（在發展手段的社會生產之下）動物界的範疇就完全不中用了，最後，在資本主義的生產方法之下，生產已提高到了這種程度，使社會再也不能消費他所生產的生存手段，享樂手段與發展手段絕緣了：十年一次的工業恐慌要想恢復他的均衡，不但要被滅已生產出的生存手段，享樂手段與發展手段，甚至要破滅生產力之大部；因此，所謂生存鬥爭也者便取了另一形態，在這種形態之下產生了一種保護資產階級資本主義社會的生產品與生產力的必要，要斬除這資本主義的社會制度對他們的掠奪與破壞行動，必須摘去那已經無力領導的統治階級對社會生產與社會分配的領導而轉交之於生產者羣衆之手

——這就是社會主義革命。

*

*

*

*

*

光與暗無條件地是自然界中最尖銳的對立,自四福音起到十八世紀的啟明派(lumieres)止,他們總是作宗敎與哲學的巧辯藉口。費克(Fick)在第九頁上寫道:在物理學中久已嚴格證明的光的運動形態的斷語……所謂放射熱(die strahlende wärme——radiant heat)這個運動形態與我們所稱爲光的運動形態在實質上是相同的。馬克思威爾在 Theory of Heat 第十四頁上寫道:「這個放射綫(放射熱)具有普通光之放射綫(rays of light)的一切物理性質:他們也可以反射,等等……有一些熱放射綫與光之放射綫完全相同,有些熱放射綫則對我們的眼睛不生任何印象」。——這樣看來,世間也有黑暗的光綫了,而從前所認爲絕對對立的,婦孺皆知的光與暗之對立逐絕跡於自然科學。此外還要指出一點,最深的暗與最明的最尖銳的光在我們眼中只引起一種共同的感覺,目眩之感覺。

這樣看來他對於我們是相同的。——事實如下:依其波動長度之不同,太陽的放射綫可以產生各種不同的影響:其波最長的放射綫攜熱以俱來,中間各放射綫則攜光,最短波的放射綫則產生化學作用(賽奇的著作第六三二頁及其後諸頁),同時這種作用的最大量是相等的,而放射綫的光外組之內最小量是相覆的,如果就其對光組之作用而言。什麼是光,什麼是非光,全在乎眼睛的構造,夜出之動物雖不能看熱(下紅綫),然而却能看見化學放射(外紫綫),因爲他的眼睛能適應於較短波。如果我們不將放射綫之三種完全取來,他們都依其波長之差而在一個狹小的範圍內引起不相同的而能相容的作用,如果我們從中只承認他們的一種,則一切困難都解決了(在科學

《自然辯証法》中外文稀有版本文献

上我們只曉得一種，其餘一切都是急性病的結論）。

*　　　　*　　　　*

功。——熱的機械論把這個範疇從政治經濟學內搬到了物理學中（因為在生理學的關係上，他還沒有固定的科學上的形式），却把定義完全改變了，這是很清楚的，因為經濟學上的功可用米奧克羅格蘭姆來表現的只不過是他很有限的很不重要的一部份（例如將重物舉起等等工作）。然而竟有一種傾向想把這個名辭學的概念重新搬囘他的老家，搬囘這個範疇所從出的科學（不過把定義换而已）。例如，毫無理由地打算使他同於生理學上的功，這就是費克（Fick）與維斯里辛納斯（Wislicenus）所作的浮而豪恩山試驗（Faulborn experiment），試驗中有一個重六十克羅格蘭姆的人體上升兩千米奧高的山，則應以120,000 米奧克羅格蘭姆來表那所生的生理功。要計算這生理功時應當十分注意是怎樣上升的。是重量之積極的舉起麼？是爬一個直立的梯子麼？是走四十五度斜坡的路或梯子麼（在軍事上都是很沒有辦法的地方）？是走斜度一比十八的道路麼？而在一切實際這樣便要走三十六個克羅米奧長的遠途（而且上升每段的時間是否相等也成問題）。情形中，向前的運動也與功有關係，就是沿着一條筆直的路前進也要費很多功，無論如何不能使這生理的功等於零。好像是有機個學者想把這個名辭的範疇也搬到政治經濟學中去——好像搬弄達爾文的生存鬥爭一樣——然而結果只是一場胡閙。讓他們試一試怎樣用米奧克羅格蘭姆來表現一

種複雜勞動（skilled labour），以便根據這來規定工資！用生理學的觀點說來，人體都具有一切器官，從整個上看來，可以把他們看作一架熱力原動機（thermodynawische maschine），他能把熱吸進來而將轉化爲運動——這是一方面。現在假設身體其他器官之條件都是不變的，來問一問：究竟簡單的米突克羅格蘭姆能否把生理功，甚至舉起功表現得絲毫無遺呢？同時身體之中還有內功，他並不顯現爲外部結果。身體究竟不是一個只能摩擦只能日趨損壞的蒸汽機。只有在身體之內有經常的化學轉化時，才能有生理功，而且生理功必有賴於呼吸過程與心臟的工作。在肌肉的每次縮繁或放鬆時，都有化學的轉化發生於肌肉與神經之中，然而究竟不能把他們與蒸汽機中石炭的轉化看成一樣的東西。當然了，在相等的條件之下所發生的生理功是相等的，但是我們却不能用蒸汽機或其他機器的功來計算人的肉體功：可以使兩個過程的外部結果相等，然而假若沒有很可靠的前提却不能使他們本身相等。

（這一切都還要澈底的審查。）

＊

＊

＊

＊

歸納與分析。有一個很出色的例子，可以證明那些想把歸納法作爲科學發現之唯一形態或根本形態的企圖究竟有若干根據，這就是熱動力學（Thermodynamik）。從熱中可以取出機械運動，這有蒸汽機可作絕好的證明。十萬個蒸汽機也並不能較一個蒸汽機證明得更確實，然而他們却一步一

步地遇迫物理學家們來解釋這個問題。沙地·卡爾諾（Sadi Carnot）首先認眞地研究這個問題，然而他用的並不是歸納法。他研究了蒸汽機，他分析了他，他發現了蒸汽機中的根本過程所不需要的淨的形式而出現，這根本過程被許許多多附帶過程所連累了；於是他鑑滿了這根本過程所不需要的附常情形而創造了理想的蒸汽機（或是氣動機）。當然了，我們在實際上並不能建造這個機器，正如幾何面與幾何線之不能實造出一樣，然而他也同這些數學的抽象概念一樣，自具其應有的功績，——他是一個純淨的，無依無靠的，赤裸裸的過程。然而他在熱之機械當量上碰了鼻子（參看其作用之意義C點），這是因爲他相信熱素（warmestoff），所以才不能發現，才不能看見熱之機械當量。從這一點也可以證明謬誤理論的害處。

　　*　　*　　*

應當研究自然科學各部門之不斷的發展。首先就是天文學——因爲要定時定曆，所以遊牧民族與農業民族早已絕對地需要他。要想發展天文學，又必需借助於數學。因此就不得不研究後者。——後來，到了農業發展之某一階段，在某幾個國家中（例如埃及的引水灌漑）便發展了力學（機械學），城市與大建築物之建造更是需要他。不久之後，航海術與軍事學也都需要了他。但是他必需借助於數學，所以他又決定了數學的發展。這樣看來，自從開始以來，科學的興起與發展都決定於生產。

在古代的整個時期中，科學的傳授只限於這三種科學，而且到後古典時期（nachklassischen periode）（亞歷山大學派與亞克米德斯）才成為精確的系統的研究。在這個時期之前，不論是在尚未分家的物理學與化學中（有渾沌論，還沒有化學原素的觀念），或是植物學，動物學與人體及動物解剖學中，都只限於事實之搜集，最多不過將他加以系統化而已。生理學不過只注意到最顯著的事物，如食物消化，分泌等等而已。他也只能這樣，因為那時還不曉得血液循環。在這時的末尾，化學才出世了，然而還穿著鍊金術（alchemie）的羽衣。

在中世紀的漫漫黑夜之後，科學以出人意表的大力而驀然再生了，而且以神異的速度發展起來，我們只有到生產中去找這個神異的根子。第一，當十字軍東征時，製造工業浩浩蕩蕩地發展起來，於是得到很多力學上的（織機，鐘錶製造，風磨水磨），化學上的（染業，五金工業，酒類製造），及物理學上的（鏡類製造）新事實，這些事實不但可作觀察之資料，而且由他們可以製出一些週異從前的實驗工具，能夠製造新式的器具。可以說從這個時候起才能夠有真正有系統的實驗科學。向來大家都誇揚科學造就了生產，而不知生產之造就科學更多無數倍。第二，這時候全部西歐與中歐（包括波蘭在內）都在相互關係中發展起來，而意大利則因其舊有的文明而繼續作了領導者。第三，為着追逐財利而產生的（九九歸一還是受了生產利益的影響）地理上的新發現又得到了無數的，從前所沒有的，氣象學，動物學，植物學，生理學（人體）上的材料。第四，印刷術出世了。

這時，除了已經獨立存在的數學，天文學與力學之外，物理學算是從化學中澈底分封出來了（蓋律雷與道里朵里——Torricelli——首先利用工業上的水力器具而研究液體運動）；波義耳（Boyle）使化學成了科學。動物學與植物學依然是搜集事實的科學——一直等到古生物學（居維葉）之產生，及此後不久的細胞之發現與有機化學之產生，直到最近所謂人類學（Anthropologie 這個名稱實在不大適當）才立下了地質學的基礎，從人及人種的形體學（Morphologie）與生理學向着歷史的轉變。更詳細地研究他，並發展他。

＊　＊　＊

假若不反對克勞西斯的第二個論斷等等，假若依照他的意思，「能」這件東西如果在量上不能消失，在性上也要消失。如果用自然的方法不能消滅內熱（entropie），至少也可以創造他。宇宙大時錶應當先開足發條，然後才能開始運動，除非走到了均衡的時候他才會停止，而這均衡又須得之於神蹟。錶中所耗費的能是消失了，至少在性質上講是消失了，假若沒有一個外來的推動力，一起首就需要這外來的推動力，因此，全宇宙中的運動量即能量是不能永遠不能恢復。因此，一致的，因此，可用人工製造能，因此，能是可製造的，因此，他也是可消滅的，ad absurdum（荒謬絕論）！

古代之末期——大約紀元後三百年的時候與中世紀之末期——一四五三年時，兩個世界情勢之懸殊：

（一）地中海沿岸的很狹的一條文化區曾把他的枝柯伸向大陸之內地，直到大西洋沿岸的西班牙、法蘭西與英國，正是因此他才受了北邊的日耳曼人與斯拉夫人的蹂躪與東南方面阿拉伯人的踐踏，然而現在却變成了一個閉塞的地方——而全部西歐以及斯甘地那維亞、波蘭與匈牙利都成了前鋒。

（二）以前是希臘羅馬與聾人的對立，現在除了斯甘地那維亞等等民族之外也還有六個文化民族，各自具有文化的語言文字，這些語言文字已經十分發達，已經能參加十六世紀的強大的學問之繁盛，比起在古代末期衰微而消滅的希臘語與拉丁語實有更多的形式，更富麗堂皇。

（三）中世紀的市民所建立的工業與商業之不可較量的高度發展；一方面，生產漸漸變成了大批的、完備的、形式衆多的，另一方面通商的關係也頗爲發達：自從撒克遜人、弗里斯人（Friesen）與諸爾曼人以來航海術已有很大的進步；另一方面又有很多獨立的發明及由東方輸入的發明，不但使海外發現成爲可能的，而且使宗教革命成爲可能的，不但使希臘典籍的出世與流傳成爲可能的，能有絕大的範圍，能有飛快的速度。除此之外，他們供給了很多科學的事實

（雖然都很生硬粗陋），這些事實是古代從未想到過的（磁針，印書業，活字，阿拉伯人與西班牙的猶太人在十二世紀所用的蔴紙，棉紙於第十世紀已漸出而問世，到了十三，十四兩世紀已經流傳得很廣，而自阿拉伯人以來，巴比魯斯（Papyrus）草紙已絕跡於埃及）。此外還有火藥，鏡片，機械時計，不但在計時上有了很大的進步，即在機械學上也是個很大的進步。古代伴君士坦丁堡之興起與羅馬之陷落而完結。中世紀的終結則與君士坦丁堡的沒落有的密切關係。返於希臘則為新時代之開始。——否定之否定！

＊

發明史。滅火機，水漏約在紀元前二百年。石築路（羅馬的）與羊皮紙約在紀元前一百六十年。這都是紀元前的發明。

＊

紀元後：莫養爾（Mosel）的水磨約在紀元後三百四十年，德國人開始用水磨當在沙爾曼大帝的時代。窗子上第一次用玻璃，安提奧奇（Antiochia）地方之第一次用街燈約在三百七十年。吐絲蠶從中國到希臘約在紀元後五百五十年。羽翎筆頭約在六世紀。

＊

棉紙從中國到阿拉伯約在七世紀，而到意大利則在九世紀。法國之水風琴（wasserorgeln）當

在八世紀。哈茨（Harz）的銀礦開掘於第十世紀。鳳膠約在第一〇〇〇年。蓋島亞里曹（Guido von Arezzo）的鍵與音階約在第一〇〇〇年。意大利的甕罐業約在一一〇〇年。

有輪鐘錶同時。

磁針從阿拉伯人傳到歐羅巴人手中約在一一八〇年。

巴黎的石築路在一一八四年。

佛羅倫斯的鏡片，玻璃鏡，約在十三世紀之下半。

醃魚，水閘，同時。

自鳴鐘，法國之棉紙，亦同時。

十四世紀之初始用破布造紙。

兌換券則始於同世紀之中葉。

德國第一個造紙廠（在紐恩堡）設於一三九〇年。

倫敦的街燈始於十五世紀之初葉。

威尼斯的郵局亦在此時成立。

石印與活字版的印刷事業亦同時。

銅板雕刻術在本世紀之中葉。

法蘭西之馬遞郵政設於一四六四年。

撒克遜礦山中的銀礦開採於一四七一年。

一四八二年始製脚踏風琴。

懷錶，氣鎗，鎗保險機都發明於十五世紀之末。

紡輪始於一五三〇年。

潛水鐘（taucherglocke）製於一五三八年。

* * *

梅德萊，恆星論。

* * *

哈來（Halley）在十八世紀之初葉，根據希巴爾奇（Hipparch）與弗蘭斯提德（Flämsteed）兩人關於三星紀錄之差異，首先提出了星宿自身移動之觀念，第四一〇頁。弗蘭斯提德的「勃列顛星錄」（British Catalogue）是第一本比較精確，比較廣博的星錄，第四二〇頁。後來大約在一七五〇年時有勃拉雷（Bradley）馬斯凱林（Maskelyne）與拉蘭（Lalande）。

梅得萊關於大物體光線遠射的理論是粗野的，其據此而得的推算也是粗野的，其粗野好像黑格兒自然哲學中的幻想物一樣。四二四頁到四二五頁。

星之最大自身移動（視運動）在一百年中爲七〇一秒，即等於太陽直徑的三分之一。從望遠鏡中觀察的九百二十一個星的固有運動平均最小爲八秒點六五，個別最小者爲四秒。天河，這是一羣大環，他們都有一個總的重力中心。四三四頁。

昴宿（Pleiade）及其中的第六星（alcyone）。我們這個宇宙島「一直到天河中最遼遠的地方」，其運動之中心在牡牛宮（tauri）。四四八頁。昴宿內部之轉動所需時間約爲二，〇〇〇，〇〇〇年。四四九頁。在昴宿的周圍有很多環狀的，含星時多時少的星團。賽奇却反對現在已經規定的幾個中心。

又據白賽爾（Bessel）所描寫，天狼星（sirius）與南河三星（Procyon）除了共同運動之外還有一個遶某一無光體而轉動的軌道。四五〇頁。阿哥爾星（algol）即英仙座之第二星——perseus之B星中國舊名大陵五）在三天之間總有八小時的黯淡。賽奇光景分析之斷語，第七八六頁。

在天河中，在他深深的內部有一個七等星到十一等星所密結的環，在這個環的外邊，很遠很遠，卽是密集的天河之環，其中我們只能看見兩個。又據侯失勒（Herschel）講，在天河中，他的望遠鏡所能達到的星，在環內有一八，〇〇〇，〇〇〇，在環外有二，〇〇〇，〇〇〇個。如此，總合起來當有二千萬。此外天河中或者還有其他的星沒有把光芒露出來，就是說，或者還有很多很遠的星環，非望遠鏡所能達到。四五一——四五二頁。

從昴宿六到太陽的距離為五七三光年（一光年等於五，八八〇，〇〇〇，〇〇〇，〇〇〇英里——譯者）。天河中能見諸星之大環，其直徑至少當有八，〇〇〇光年。第四六二——四六三頁。

以太陽到昴宿六的距離即五七三光年為半徑而成一大球，則在這大球中運動的天體之總量約為一一八，〇〇〇，〇〇〇個太陽體。這與兩百萬的星數之最大限度是不符合的。暗體麼？無論如何，總有點錯誤。這可以證明我們的觀察工具是何等不完備。

梅德萊用數千光年去計算天河的最大直徑的長度，或者不是數千光年而是數十萬光年也不一定。第四六四頁。

提出一個很不差的抗議來反對光之五吞說：「當然了，或者也有他的光線不能達到我們的遠距離，然而那理由完全不同。光的速度是有限的，自創世以來直到現在的時間也是有限的，因此我們所能看到的天體，其距離不會更遠於光在這個有限時期中所跑的路程！」第四六六頁。

光既然依距離之平方而漸次減弱，那末必然有一點是人眼所不能望到的地方——不論裝上怎樣的鏡子，——這是很顯然的。只這一點已足夠駁倒那舊式的見解了，這見解以為只有用那光五吞說才能解釋各方面充滿無限遠的發光星的天上面為什麼會有黑暗。然而這意思絕對不是說在這樣遠的地方的以太完全不許光通過。

星雲。他的各種的形態，有的是眞圓形的，有的是不規則的鋸齒形的。其濃淡的程度是不同的，有的能夠被分辨出，有的不能夠，只能看到他是向中心密集。在有些可分辨的星雲中可以看出一萬星辰。其中央多爲密集形，很少有中央的較明的大星。用羅斯（Rosse）的最大的天文鏡可以分辨出很多星雲。侯失勒第一（老侯失勒）數出了一七九個星堆（sternhaufe），二，三〇〇個星雲，此外還要把侯失勒第二發現的南半球的星堆與星雲（這也加入了星錄）加上。不規則的星雲應當是遼遠的宇宙島，他們的雲霧體必須在圓的或橢圓的形態中才能求得均衡。星雲的大部份必須用最強的望遠鏡才能看到。無論如何，圓形的星雲能夠是雲霧體。在上引的兩千五百個星雲中應有七十凡個是此種星雲。侯失勒把他離我們的距離定爲二百萬光年，梅德萊假定這星雲的眞實直徑爲八千光年，而離我們的距離則爲三千萬光年。現在我們知道，每一個天文系統與最近的宇宙島之距離，至少也應當爲本系統直徑之一百倍，那末我們這個宇宙島（weltinsel）與最近的宇宙島之距離，至少也應有八千光年的五十倍，卽四〇〇，〇〇〇光年，假若如此，則此數千星雲之越出侯失勒第一所規定的二百萬光年的界線以外者，這是無可懷疑的了。第四九二頁。賽奇，可分辨的星雲有機續不斷的通常的星光景（sternspektrum）。眞正的星雲「都有不斷的光景，例如仙女座（andromeda）的星雲，其光景大概只由一種或很少幾種光景線（spectrum line）所組成；又如獵戶星座（orion 卽中國參宿所在的星座），射手星座（sagittarius）與零星座的星雲，以及許許多多所屬行星

式的（圓形的）星雲」。（又據梅德萊說，仙女座的星雲都是不可分辨的，第四九五頁，獵戶座的星雲則爲不規則的，像綿絮一樣，而且有枝子伸出去。第四九五頁琴座與十字座的星雲則稍近橢圓形，四九八頁）。海櫃（Huggins）在侯失勒的第四三七四號星雲上找到了三種光線，「從此可以慢慢推論，這些星雲並不是獨立星的堆積，而是眞正的雲霧，是環形的熾燃物」。其光景線屬於氮線與氫線，這不曉得第三種是什麼。獵戶座中的星雲也是如此。甚至含有發光點（leuchtende punkt）（的星雲如蛇座與射手座中的星雲）也有此種光景線。由此推知還些集聚着的星質（sternmasse）還未成爲剛體，或者說是流體。第七八九頁。琴座的星雲只有氮線。第七八九頁。獵戶座中的星雲：最稠密的地方是一度，其全大是四度。

賽奇：「天狼星」：「過了十一年之後（即白賽爾測算的十一年之後，梅德萊四五〇頁），不但發現了天狼星有六等的發光小星爲衞星，並且證明了他的軌道恰合於白賽爾所測算的拋物道。南河三星及其衞星的軌道已由奧維爾斯（Auwers）算定，但是我們現在還沒有能够觀察到他」。第七九三頁。

賽奇：「恆星之中，除了三兩個之外，都沒有可以察覺出的視差，由此推之，他們離我們的距離至少也有三十光年」。七九九頁。又據賽奇說，侯失勒天文鏡所能分辨出的十六等星，其對我們的距離爲七，五六〇光年，而羅斯的天文鏡却可以看到距離二〇，九〇〇光年的星。第八

〇二頁。

賽奇自己發了一個問題：當太陽及其他星系凝冷僵硬的時候，「自然中是否能有一種力量來使這死的系統重新返轉到熾燃星雲的原始狀態呢？就是說能否重新驚起他的新生命呢？這是我們所不能知道的」。

* * * * *

極化（polarisation）。格林（Grimm）已經確信所有德國的方言都可歸入上德意志方言或下德意志方言。但是他完全不曉得將佛蘭克（Frankiche）方言安置在什麼地方。我們知道凱洛林（Karoling）之末期的佛蘭克文實即上德意志語（上德意志語普影響了佛蘭克語的東南區），所以他的意見以為佛蘭克語在有些地方變成了舊上德意志語，而在另一些地方則變為法蘭西語。假若如此，那舊沙里區的尼德蘭語又從何處飛來呢？這還是完全不可解的問題。直等到格林死後才重新發現了佛蘭克語：沙里語（Salisch）新變為尼德蘭語，里樸爾嚣（Ripuarische）變成了現在的上萊因與中萊因的方言；他們的一部份以各種不同的程度與上德意志語混合了，而一部份則依然保持其為下德意志語，由此看來佛蘭克語與上德意志語及下德意志語一樣，本身就是個方言。

極性（polaritat）。如果將一塊磁石切斷那末中性的腰也會極化，但是要依照原來的極位。如果將一個蚯蚓切斷，則其陽極必保持一個吸取食物的口，而在另一端，在陰極上必然新生一個有排洩

作用的後道，然而原來的陰極（即原來的後道）這時却變成了陽極，變成了口，而切斷的地方則變成了新後道，即是新的陰極。這是陽性的變成了陰性的。

在黑克爾的著作中也有極性的例子：機械論＝＝二元論，活力論或目的論＝＝二元論。在康德與黑格兒那裏，內在的目的即是反二元論的抗議。應用到生命現象中的機械論——是個無用的範疇。如果我們不願完全放棄字義上的講究，倒不如說化學論還要好些。論目的（黑格兒第五卷第二〇五頁）：「機械論企圖把自然看作一個不需要任何觀念來解釋的整體的另一種追求，而這整體並不處在與他有關的，外於世界的理性中」。然而機械論（包括十八世紀的唯物論）竟不能跳出抽象必然的掌心，因此也就不能跳出偶然性的掌心，這真是件令人捧腹的事。物質從自身中可以發展出能思想的人類的腦子，這件事實據他們看來完全是偶然的，——雖然這偶然發生時也是按步就班地來。實際上呢，物質的本性上已經包含了發展成為能思想的可能，因此，在有了適合的條件時這發展必然會完成（然而並非隨時隨地皆有必然）。

此後，黑格兒在二〇六頁上說：「目的論把他的瑣碎東西，甚至於藐小的東西都作為絕對的東西，大思想在這裏面自然受了無限的束縛，甚至於十分討厭，而機械論在這個地方却給了無限自由的意識」。

在這種情形之下，自然界的物質與運動又沒無限制了。在現在的情形之下，在太陽系中，或者會有三個行星上面能有生命及能思物的存在。而這整個的內在的妖異的法寶也都是爲着他們！

在黑格兒第五卷第二四四頁上說：：有機體的內在目的出現於本能中。本能應當使每一個活物同他的觀念和諧起來。由此可推知，這所謂內在的目的者是一個何等的思想的定語。拉馬克就在這個定語中。

＊　　＊　　＊

康德自存物的絕妙的自批評：談到有思想的「我」時，康德就沒有方法收拾了，因爲在那裏也有個不可認識的自存物。黑格兒第五卷第二五六頁及以後諸頁。

當黑格兒從生命，經過配合（繁殖）而走到認識時，那時已經含了發展論的胚芽，他的學說認爲既然有了有機生命，那末他就應當發展下去，一代一代的發展，直到產生能思物的種屬爲止。

（一）據黑格兒說，無限過程只不過是空洞的次序，因爲他不過是一個相同物的永遠重複：：
1＋1＋1 等等。

（二）而實際上還並不是重複，而是發展，是向前或向後的運動，因此，他成了遐動之必然形態。他並不是無限的，這一點更不必說了，現在我們已經可以預想到生命的終結。誠然，地球並不是全宇宙。在黑格兒的系統中，自然在時間中的歷史應包括一切發展，因爲假若不是這樣，自然就

不配作精神的異身（aussersichsein）。而在人類史中，黑格兒却把無限過程看作「精神」之唯一的眞實的存在形態，——雖然他以幻想的形式承認自己哲學的建立爲這個發展的終了。

（三）世間也有無限的認識（黑格兒第三卷第二五九頁，天文學）：Questo infinito chè le cose non hanno in progresso lo hanno in giro（級數中所沒有的無限，圓中必然有）。這樣看來，運動形態之變化定律是無限的，是自封閉的。然而無限的本身又載於有限中，其出現與表露只是局部的。$\frac{1}{r^2}$也是如此。

＊　＊　＊

數量與性質。數是我們所知道的數量之最純粹的。但是他却充滿了性質上的差異。黑格兒：多與一，乘與除，作冪與求根。然而黑格兒沒有指出來因此而得到的性質上的差異：得到了本數，積，簡單的根與冪。十六不簡單是十六個一的總和，而且是四的二次方與二的四次方。本數亦可給與他同其他一數相乘而得的數一個新的有定的性質：只有偶數才能用二除。數目的遊戲就建立在這上面，不懂算術的人是莫明其妙的。所以黑格兒在第三卷第二三七頁上所說的算術無意思的話是不正確的。不妨同「尺度」（mass）比較一讀。

數學家在談無限大與無限小時，談的只是數量上的差異，同時也是一定而不可移的性質上的對

立。兩個數量，其相互的差別太大了，其間割斷了一切的合理關係，割斷了一切的比較，不可再用數量來計算。平常的不可用直線量的圓周與直線也是一種辯證法的性質上的差異，——這裏也是相同數之數量上的差別使性質上的差別也不可以量計了。

＊

數。個別的數在數的系統中已有了某種性質。九不但是九個相同的一之總和，同時也是九十，九十九，與九十萬的基礎。一切數法都依據於以某種數為基礎的數之系統，而且他本身亦決定了於數的系統。在二進法或三進法中，二乘二並不等於四，而等於一百，或十一。凡是以奇數作基礎的數之系統中都沒有奇數與偶數的差異。例如在五進數系中，五等於十一，十等於二十，十五等於三十。這樣看來，基本數不但可以決定自身的性質，而且可以決定其他各數的性質。

同樣地，在這個系統中，3^n 就失去了原有的意義了（六等於十一，九等於十四）。

＊

談到冪的時候，又要更進一步了，每一個數都可作任何其他一數之冪，——有幾多整數與分數，便有幾多對數。

＊

數學。頭腦健全的人以為把一個固定數（例如二項式）分作一個無窮級數，即是分成一個不定數，是件最無聊的事。但是如果我們沒有無窮級數，假若我們沒有二項定理，我們能做什麼事情

能之不滅。運動之數量上的不變已被笛卡兒所指出，其所說的話也同現在克勞西斯與梅葉爾所說的差不多。而直到一八四二年才發現了運動形態之五相轉化變通，這並不是什麼數量不變的定律，而是一種全新的東西。

呢？

＊ ＊ ＊ ＊ ＊ ＊ ＊

自然之永恆定律一天一天地變成了歷史的定律。例如水在攝氏零度與一百度之間時是液體，這是自然界中千古不易的定律，然而這定律要想發生作用，必有（一）水，（二）一定的溫度，（三）常態的壓力才可以。在月球上是沒有水的，在太陽上只有水的原素，到了這些天體上時我們的定律就不中用了。氣象學也是千古不易的，然而只有在地球上才是如此，或是有一天這天體其大小，密度，星軸傾斜，濕度都與地球相等，其大氣中酸素窒素之比例，及所含的水蒸汽都與地球相等，在這種天體上才是如此。然而月球上却沒有大氣，而太陽上的大氣則由熾熱的金屬汽所組成，所以月球上完全沒有氣象學，而太陽上的氣象學則完全與我們的不同。我們現下所有的一切物理學，化學，生物學都是絕對以地球為中心的（geozentrisch），完全從地球上着想。我們完全不知道太陽上面，其他恆星上面，星霎上面，甚至密度不同的其他行星上面的電磁吸引的形態如何。各原素之化學關係的定

律到了太陽上面完全變了樣子，因為太陽上的溫度過高了，在太陽的大氣圍的邊上也會有臨時的化學行動，但是一到接近太陽時，這些化學化合物馬上就會分解。太陽上的化學是成立了，但是他必然與地球上的化學完全不同。在星雲上面，或者根本沒有這六十五種原素，因為他們本身是複雜的，這樣說來，如果我們想談談那能力互變說也可以較泛泛地談一談——機械熱論。但是如果繼續不斷地將這個理論應用到各種現象上，那末這個理論的本身就會變成某一宇宙系統自產生到消滅的時期中所發生的一切變化的歷史圖畫，這就是說他本身會變成歷史，而支配這歷史的各個階段的却是另一些定律，即是某一宇宙大運動的另一些形態，——這樣看來，只有運動才具有絕對普泛的意義。

運動之基本形態

運動一字就其本來的字義說來，就是物質之存在的能力，物質之內在的屬性；他可以包括宇宙中所發生的一切變化與過程，自最簡單的地位移動起到思想止。當然了，要想研究運動之性質，應當從他下級的最簡單的形態研究起，先說明了他，然後才能說明較高級的，較複雜的形態。而實際上，在自然科學的發展史上，我們看到，最先建立的理論，是簡單移動的理論，是天體力學與地上力學；後來的便是分子運動的理論，是物理學；後來，差不多與物理學同時，甚至於早過他原子運動的科學，化學。只有研究了無機世界中各種運動形態之後，才達到了較高的發展，才可以說明生命過程中的運動，而他此後的進步又是和力學，物理學，化學之進步並行的。這樣子，當力學已經能夠以無機世界中之定律來解釋因肌肉伸縮而引起的骨骼槓桿之行動時，其他生命現象之物理化學的解釋不過剛剛開始。因此，當我們來研究運動之性質時，我們就不得不把他的有機形態放在一旁。科學知識的水平既然如此，——如天體，地球，分子，原子，甚至以太底移動。運動之形態愈高，此種移動亦愈小。移動雖不能包盡某項運動之本性，但是他們是不能分開的。因此，我們應當

运动之基本形态

首先來研究他。

我們所能接觸的自然界是物體的一種系統，一種總合的關係。我們這裏所指的物體是指物質的實在，從天上的星子起到原子或以太微粒止（如果我們承認以太微粒是存在的）。物體是有相互關係的，由此可以引出邏輯的推論，說他們互相行動，而他們這種互相行動正是運動。由此可見，物質離開了運動是不可想像的。更進一步來看，假若我們面前的物質是原來就有的，是不可製造不可毀滅的，則運動亦必然不可製造不可毀滅。假若我們一開始卽承認宇宙為物體之系統，關係與總和，那末如此的結論便是跑不了的。而哲學之達到此點實早於自然科學很久，所以哲學做結論說運動不可製造及運動不滅亦較自然科學早出二百餘年。關於這個學說，哲學的結論實在比現在自然科學所做的結論還要高明得多。笛卡兒的學說認為宇宙中所有運動之總數是不變的，但是他有形式上不齊全的地方，因為在實際上他的表現是有限的，然而他的總數却是無限的。反之，在自然科學中，這個定律却有兩種方式：海爾姆何芡的公式說物力不滅，又有一個新的，更正確的公式說能量不滅，但是仔細看一看，這兩個公式却是互相衝突的，而且每一個公式只可表現我們所要研究的關係之一方面。

如果兩個物體互相行動時，則其結果必然是其中有一個移動，或兩者都有移動，而移動的結果又必然是兩者互相接近了，或互相遠離了。他們或是互相吸引，或是互相排拒。或是用力學的術語

來講，作用於他們之間的中心性的物力依其聯結中心點的直線爲方向而行動。到了現在，讓我們來看這句話，當然是一個不言而喻的眞理，無論運動如何複雜都是如此。當然了，兩個相互動作的物體假若不遇到第三體的阻礙與干涉，必然依着最短的，最直的道路而行，即依着聯結兩中心的直線而進行，假若以爲不是如此，那就太糊塗了。兩我們又知道海爾姆何茨（在他的著作 Erhartung der kraft，一八四七年柏林版第一編第二部）會用數學的方法來證明，中心動作與運動量之不變性是互爲因果的，證明非中心性的動作之假設的結果亦必爲運動可造與運動可減的學說。由此看來，一切運動之根本形態爲接近與遠離，縮小與擴大，約而言之，還是吸引與排拒之老生常談的極端對立說。

在這裏我們必須指出一點：我們並不把吸引與排拒看作一種所謂「物力」，而是把牠看作運動底簡單形態。康德已經把物質看作吸引與排拒之統一。而我們在我們的時代也可看出，究竟「物力」這一個概念有什麼意義。

（註）康德說，因爲現在的空間是三次方的，所以吸引與排拒都是與距離之平方成反比例的。

一切形形色色的運動都由吸引及排拒之相互作用所組成。但是這種情形只有在某種條件之下才有可能——即是當每一個吸引力都有別處的一種等量的排拒力相抵償的時候——假若不是如此，假若一方面的力量漸積而超過另一方面時，運動便會立刻停止。由此看來，宇宙中之所有吸引力與所

运动之基本形态

有排拒力是應當相互均衡的。因此，運動不可造與運動不可毀的定律必然導出一個結論，結論是：宇宙中每一個吸引運動都必然有一個等量的排拒運動來補充，反之亦然；或是，早在自然科學中的力不滅定律或能不滅定律確定之前，古老哲學的一句話，說，一切吸引力之總和等於一切排拒力之總和。

而在這裏，很顯然地，有一切運動都停頓的兩種可能，或是到了結局，到了某時某刻，吸引力與排拒力真正地均衡起來了；或是，一切排拒力都斷然地集中於物質之某一部份，而吸引力則集中於物質之另一部份。但是就辯證法的觀點看來，這種任意選擇的東西根本不能存在。辯證法是根據我們自然研究之各種結果，他已經證明了，一切極端的對立都集身於他們的相互動作所造成，證明了，這兩極之分離與對立只能存身於他們的對立中；既然如此，就根本談不到吸引力與排拒力之最後的均衡，根本談不到運動之一旦斷然地分配而集中於物質之一半，而另一運動形態分配而集中於另一半，即是，一不能說兩極之相互混淆，二不能說兩端之相互的絕對的分離。舉個例子來說，第一，要把一塊磁石之南北相極相互中性化，第二，要把這塊磁石從兩極之中間切斷而求其北極的一段無南極，南極的一節無北極，這都是不可能的。從兩極對立的辯證性中已經可以證明這兩種情形都是不可假設的。但是因為自然科學中佔優勢的思想方法，還是玄學的思想方法，所以第二個假設在物理學的理論中還有相當的作用。關

於這一點，我們另一地方還要談到的。

至於吸引力與排拒力相互動作中之運動又是怎樣一種情形呢？在這裏我們最好於每種個別的運動形態之例證中來研究牠。到那時，在總結中自然會得到總的結論。

先來研究一個行星圍繞其中心體的運動。普通學校天文學和牛頓一樣，用兩種力——中心體底吸引力與切線力（tangential kraft），切線力吸引行星依中心體吸引力的垂直線而行——之交錯行動來解釋行星之軌道。這樣看來，學校天文學承認除了中心運動之外，還存在另一種方向的運動，或另一個力，與我們諸天體中心之聯結線成垂直線的運動。然而他因此與上述定律衝突了。

上面的定律說，宇宙中的一切運動都依照那互相動作諸體之中心點底聯結直線而進行，或是，照普通話說來，一切運動都由中心動力所引起。因此，他必然把一種新樣的運動拉入理論，這新樣的運動又必然導出運動可造成一種中心形態的動力變成一種中心形態的運動才好，而康德拉普拉斯的宇宙形成說正完成了這件事情。根據這個假設，整個的太陽系由極端浩大的星雲逐漸燃燒而成，此時，這星雲球的赤道上（中分線上）的周轉運動自然較他處為速，因此就漸漸分出一個氣體的環，這環後來便凝結爲行星、星霧等等，依原有的周轉，環中心體而繞行。這些氣體運動的本身，原有各種方向，周轉運動正可由他來解釋，因爲運動的方向雖有多種，但歸結起來總跳不出一個周轉運動；這種運動隨氣體球之

—128—

运动之基本形态

燃燒而加強。但是不論我們對於周轉運動之起源的假說如何，我們都可以從此中擺脫了那神祕的切線力，他成了中心方向運動中所產生的東西之特別變種。行星運動之一個中心的原素是行星與中心體之間的重力與吸引力，而切線的原素則爲氣體球中各部份原始排拒力之變態的，換形的殘餘。這樣看來，任何一個太陽系底歷史都是吸引力與排拒力相互動作的歷史，而此時吸引力卻逐漸地得到了優勢，而排拒力卻變形爲熱，散於宇宙太空中而逐漸減少，其在一系中的地位亦逐漸失去。

一眼便可以看清楚，我們這裏所談的排拒力不是別的，正是現在物理學中所說的「能」("ene-rgie")。因爲有燃燒過程，及由此而來的天體之分立（宇宙系統卽由此種天體所組成），所以宇宙系統才損失了「能」。同時根據海爾姆何茨的計算，本來這系統中所含的能已損失了四百五十四分之四百五十三，以排拒及運動量的形態而損失。

試舉我們地球上的任何一個物體爲例。因爲有重力所以他才同地球發生關係，正如因有重力，所以地球才能與太陽發生關係一樣，所不同於地球者是他沒有自由的行星運動的能力。他只能因外來的推勳而發生運動。但是當這外來的推動消逝時，他的運動也馬上會停止，或是因爲重力，或是因爲這物體運動的場所上有了阻力。而這阻力也還是源於重力，假若沒有重力，地球上面便不會有任何發生阻力的物體，地面上也不會有大氣圍。這樣子，在地球表面的純粹機械運動也逃不了下面的情形，他具有重力及吸力，他在取得運動時有兩個階段：一開始時，行星之方向一定是反乎重力

的，到後來重力才發生作用——一言以蔽之，開始我們舉起一個物體，然後才能下落。這樣子，我們面前又有了一個相互關係，一方面是吸引力，一方面是反乎吸引力的運動形態，即排拒的運動形態；如單在地上的純粹力學（只依據現有的，不變的，總和的狀態或固結狀態）的範圍中去找他，則自然界中便找不出這種排拒的運動形態。山上的石頭塊能夠崩下，瀑布能夠出現，凡是這些物理條件及化學條件都非此種力學所能知。這樣子，在地面上的純粹力學中，排拒運動與上昇運動都由人工才能造成：用人力，動物力，水力，汽力……等等去造成。此種情形，人工地與自然吸力鬥爭的必要引起了機械論者一種信念，認爲吸引力與重量（他們名之曰重力）是自然中最實在的，最根本的運動形態。

如依照時鐘的機械觀念來看，例如，有一個重載被舉起了，這重載因其直接的或間接的降落而引起別個物體的運動，那末，這時候的運動非由重載的舉起所引起，而由於重量之力（重力）。例如，海爾姆何茨說：「我們所最熟悉的，而且最簡單的力，重力，便是一個發動力……例如壁鐘他的運動便由重載所引起。此重載如不能引起鐘錶的全部機關的運動，便不能算是重量的衝動」。但是，他如果自己不下墜，也不能引起鐘錶的全部機關的運動；但是當他沒有把繫他的鏈子鬆解完了之前，他總是要下墜的。「到那時，鐘錶就要停了，到那時，這重載就暫時地耗完了他工作的能力。但是他的重量既未消滅，又未減少。他依舊地以同樣的力吸着於地球，但是這重量失掉了他產

运动之基本形态

生運動的能力……。但是我們可用手力來替鏢錶上勁，使此重載又復昇至高處。此後，這重載又得到了他那以前的行動的能力，他又可以維持鏢錶的運動了」。（海爾姆何茨：「通俗講演集」第二卷第一四四頁）

這樣算來，海爾姆何茨以爲，引起鏢錶的運動的，不是運動的積極發動，不是重載之昇起，卻是重載的消極重量；其實這重量的本身，在升起之時才離開了消極的狀態，而解緊他的錶子時，又復回復了他的消極狀態。但是根據最新的見解，所謂能也者不過是排拒力的另一表現，而根據較舊的海爾姆何茨之見解，則力却是與排拒力對立的吸引力之另一表現。我們現在也只能暫時把這件事實加以確定。

但是當地面力學的過程走到了他的終點時，當第一個昇起的有重的物體返轉下落而達到原來的高度時，到那時，造成此過程的運動又將如何呢？依純粹力學講來，這運動是要消逝的。但是現在我們知道，他是完全不能消滅的。他的一小部份變成了發聲的波浪式的空氣之振動，其大部份則變爲熱，這種熱的來源一由於發生阻力的空氣，二由於降落物體的本身，三由於放置鏢錶的那一塊土地。同時又因爲摩擦而生熱，所以這重載才能把運動移交鏢錶機件的輪盤。這樣看來，不是下降運動，不是平常所說的吸引力變作了熱（即是排拒力的一種形變），恰恰相反，正如海爾姆何茨所說，吸引力和重量等等都舊態依然，甚至於更舊了。物體的下降消滅了舉他起來的排拒力，這排拒

力後來就變成了熱。於是物體的排拒力就變作了分子的排拒力。

根據我們上面所說，熱是排拒力的一個特殊形態。他把一個物體的分子引入振動，這振動就減少了分子與分子間的聯繫，一直到變成液體為止。如果繼續加熱，則分子運動亦必有增無已，簡直可以離開物體，以一定的速度（這定於每個分子的化學成份）而自由運動。如繼續加熱，則此速度亦必愈增，而分子之互相排拒亦必愈離愈遠。

但是熱乃所謂「能」之一種；而後者却又是排拒力的同等物。

在靜電學與磁力學的諸現象中有吸引力與排拒力的極端的對立。不論對這兩種運動形態的動作形狀作如何的假設，但是熟悉事實的人必然不懷疑吸引力與排拒力之互相輔助（在靜電學與磁力學中這事實是很顯著的），而他們極端的分離也是自然界所必須的。關於電流我們暫且不談，因為這過程是個化學現象，所以也比較複雜。因此，自然界中直到現在還沒有這樣的兩極。

假若我們以二重的氫同一五・九六重的氧化合起來便成了水汽，這時也就產生了定量的熱，約等於六八・九二四熱單位。反之，當我們把一七・九六重的水汽分成二重的氫與一五・九六的氧時也必須有一定的條件，必須把等於六八・九二四熱單位的運動量加於水汽——這運動的形態却不一定，或是熱，或是電力運動。其他化學過程也都是如此。大概地說來，在化學的化合時往往產生

熱，在化學的分解中則吸收熱。在這裏，排拒力往往是過程的積極方面，他吸引力則為過程之消極方面，他產生過剩的熱而把他分出來。因此，現在的學說認為在原素化合時，就解放了能，而原素分解時則束縛了能。此地，「能」一名詞的運用是代替了「排拒力」。

這樣子看來，並不是只有吸引力與排拒力兩個簡單的根本形態，而是有很多隸屬的形態，在吸引力與排拒力的對立中所開展的宇宙運動的過程便根據這些形態而完成。我們把這些五光十色的形態總而名之曰運動，這並不是我們理知的先天要求如此。而是經驗的事實證明他們是同一運動的各種形態，因為在某種狀況之下，他們都能互相變通。機械的物體的運動，可以變成熱，變成電力或磁力。熱與電力又會變成化學的分解。同時，化學的化合又會產生熱與電，經過熱，又可變作磁力。同時熱與電力可以變作機械的物體的運動。而在變化時某種運動形態的數量變為他種運動形態時也得到相同量。同時在這個時候，測量這運動之數量的計量單位是從那種運動形態借來的，是不必過問的，這單位是否可以量物體運動，是否可以量熱，是否可以量所謂電動力，是否可量化學過程所變成的運動都是不必過問的。

現在我們所站的立足點是梅葉爾（J. R. Mayer）在一八四二年所建造的（註）。從此之後，各國學者關於「能量不滅」的學說都有很大的進步，我們現在只有把這個學說的幾個根本觀念加以研究。這是關於「力」或「能」的觀念，以及關於「功」，觀念。

《自然辯証法》中外文稀有版本文献

（註）海爾姆何芙在「通俗講演集」第二卷第一一三頁上把自己也列入梅葉爾，朱爾 Joule 與古爾丁（Colding）之林，而自認在笛卡兒的世界之中運動總量不變的名言之自然科學的證明上也有很大的作用。「我自己並不曉得梅葉爾與古爾丁究竟怎樣，我只有在我的工作快要完竣時才見到了朱爾的試驗，然而我早已走上了這條自己的道路。我準備以上面的觀念來特別地研究一切物理過程之一切關係，我在一八四七年即公佈了自己的研究結果，這是一本小著作，書名為「論物力不滅」」。但是在這本著作中並沒有絲毫高過一八四七年科學水平的東西，除了上面所引的數學的證明（這證明當然也很有價值的），這證明說，物力不滅，與作用於一個系統中各個個體之間的力之中心行動，這兩件事實在是一件東西的兩種不同的表現，同時又對活力總量不變與機械系統中伸張力總量不變的定律加以更確定的述說。其餘種種早已讓梅葉爾一八四五年的著作已經佔了先着。一八四二年時梅葉爾已確定了「物力不滅說」，而他一八四五年的著作已經根據新觀念更向前邁進，他對於「一切物理過程之關係」已經說出了更天才的東西，較之一八四七年的海爾姆何芙高明萬倍。

我們現在可以看出，現代的，已為大家所公認的觀點把排拒看作「能」，而海爾姆何芙所用的「力」字字往往是指的吸引。這好像是一種表面上的，不要緊的差異，因為在宇宙的系統中排拒與吸引是互相輔助的⋯⋯因此，這種關係之那一方是正的，那一方是負的，都沒有什麼差別，亦有如我們

—134—

在一條已知的直線的某一點上引出一條正的橫線，不論是向或是向左都沒有什麼差異。而實際上却完全不是這樣。

因為我們此點所談的不是什麼宇宙全系統，而是談的地球上的現象，這些現象都決定於地球在太陽系中與太陽系在宇宙中的特殊地位。而我們的太陽系在每一瞬間都耗費大量的運動於宇宙太空之中，這運動是很特殊的，這就是太陽的熱。而我們的地球之所賴以生存者也正是太陽熱，而地球自己又把從太陽吸來的太陽熱耗散於宇宙太空的一部份轉變為別種形態的運動時。這樣子看來，在太陽系中，這是到了最後的最後，當他把太陽熱超過了排拒力。假若我們不把太陽所耗散的運動吸收來，則地球上便會停止了一切運動。假若太陽在明天冷却了，而其餘別的條件末變時，則地球上所餘的吸引力仍舊還同現在一樣地多。一塊石頭如果原重一百個克羅格蘭姆，假若不移動，則依然還是一百個克羅格蘭姆。能而到了那時，用我們的眼光看來，一切運動，不論是物體運動，分子運動，原子運動，都停止了，而代之以絕對靜止的狀態。這樣可以清楚了，我們如果把吸引或排拒都看作運動之正的方面，看作『力』或是『能』，所以他的作用是完全消極的；而積極的運動則有賴於從太陽流來的排拒力。反之，在現在的地球上，吸引力非常多於排拒力，這對於現在地球上所完成的過程完全不無差異。因此，在實際上，最新的學派是完全正確的，不論就地球上各過程的觀點，或全太陽系過程的觀點來看都是如此，因為他

把能看作排拒，但是他對運動的性質還沒有能夠完全弄清楚。

「能」這一個名詞絕對不能正確地表現運動之全現象，因為他只能表現他的一方面，——行動，而不能表現出反行動。此外，他可以引起一個誤會，好像是「能」是物質之外的東西。但是無論如何，他同「力」這個名詞比較起來還是差勝一籌。

力之觀念借自人類對外活動的行動上，這是大家所公認的（自黑格兒到海爾姆何茨）。我們常講筋肉之力，手的舉起力，腳的支持力，胃與腸的消化力，神經系的感覺力，腺之分泌力等等。易言之，我們的身體各機關往往有各種的作用，這些作用所引起的變化必有一個實在的原因，人們為着避免尋找這真實的原因，所以就杜撰了幾個虛假的原因，來解釋這幾種變化，把這些原因稱作力。

我們以後又把這同樣的方法應用到外界去，於是，有幾多不同的現象，便杜撰出幾多力來。

在黑格兒的時候，自然科學依然處在渾渾沌沌的發展階段中（天體力學與地上力學除外），他很正確地出來反對當時把一切都歸之於「力」的態度。他在另一處也這樣指出來：「與其說磁石有吸引力，好像可以離開物質，好像是一個賓詞（pradikat），而靈魂呢，卻是自己的運動，同物質之本質是一而二，二而一的」（「哲學史」第一卷第二〇八頁）。

現在我們之乞靈於力已經沒有當時那樣容易。試聽海爾姆何茨怎樣講：「假若我們已經完全明

塔列斯——Thales——曾這樣說過：「力，這種性質，好像可以離開物質，好像是一個賓詞（pradikat），而靈魂呢，卻是自己的運動」（靈魂還要好些）

—136—

白了某一個自然的定律，那末我們就應當無條件的承認他……。這樣子，定律在我們眼中是一種客觀的力量，因此我們名之曰力。例如，我們把光的反射定律客觀化了，把他認爲是某一種透光體的反光力；又把化學愛力的定律客觀化了，認爲是各種不同物質之結合力。我們講到金屬的導電力時，講到粘合力時，講到毛管吸力時，以及其他等等時，也是這同樣的態度。我們講到上面所舉的客觀化的定律中，其所包括的不多的物理過程，有些條件還是很不淸楚的……。力，這不過是客觀化了的行動定律……。我們之所以有力之抽象的觀念是因爲我們還不能很隨便地編造這些定律，而這些定律只是現象的必然定律。這樣子，我們要了解現象的要求，即是尋找諸現象之定律的要求便取了另外的形式，只有尋找諸現象之原因的要求，即是只有尋找力的要求」（海氏在一八六九年在印斯勃魯克自然科學家大會上的報告之第一部第一九〇頁）。

我們首先應當指出，他這種萬分特別的「客觀化」的方法，其結果是把關於力的純粹主觀的觀念加之於自然的定律（這定律的確定是完全不依賴於主觀的，因此是完全客觀的）。這些話出之於眞正嫡傳的老黑格兒派的口中還比出之於新康德派的海爾姆何茨的口中要比較好些。一個定律旣已確定，我們如果再把一個什麽力來代替他，並不能增加絲毫新客觀性於他的客觀性上；這時不過增加了一些主觀的確定，認爲這個定律之能發生作用得力於一種現在還完全不可知的力。但是當海爾姆何茨引出許多例子，說什麽光之反映，化學愛力，導電，粘合力，毛管現象等

時，當他把支配這些現象的定律抬舉到力之「客觀的」貴族的階級時，我們立刻明白了這些話的玄學意思。「在我們上面所舉的客觀化的定律中，其所包括的不多的物理過程，有些條件還是很不清楚的」。——好了，這裏「客觀化」簡直就是主觀化，他的意思是說，我們之所以找「力」作避難所，並不是因為我們已經完全認識了定律，却剛剛是因為我們自己還沒有弄清楚這些現象的「很不清楚的條件」。這樣子看來，我們引用「力」的觀念並不是表現我們對定律之性質及其行動之各方的知識，反之，却是表現我們對他知識之缺乏。在這種意義上，用他作為關係之未被認識的原因之簡短代名詞，作為文字遊戲，這還是可以常常用的。假若超過了這一點，那就糟糕了。如果海爾姆何茨可以用所謂反光力，導電力等等來解釋物理現象，則中世紀的學院派用燣力（vis calorifica）與寒力（vis frigifaciens）來解釋溫度的變化，而逃避了進一步研究熱之現象的必要，也是正確的了。

但是就在這個意義上看，這個名詞還是不成功，因為他只能片面地來表現一切現象。自然界中一切過程都是雙方的，至少是根據兩種行動部份之關係上，根據作用與反作用。同時，力之觀念是發生於人類器官的行動上，然後應用到外界，是原於地上力學，所以他的意思必然是，只有一方面是積極行動的，而另一方面則為消極的被動的，這是把男女兩性對立的通俗見解應用到無機的自然界去了。力所活動的第二部份，卽反作用，在這裏最多不過作了消極的東西，作了阻力。千眞萬確

的，這個觀念已應用到各方面，除了純粹力學——因為純粹力學所講的是運動之簡單的轉移，及運動之數量的計算。但是，當應用到稍為複雜的物理過程中時，他就不夠用了，海爾姆何茨本人的例子即可以證明這一點。反光力之由於光者與由於透光體者一樣的多。在粘合現象與毛管現象中，硬面中所含的力與液體中所含的力是無條件地一樣多。說到導電時，則兩種不同的力合組起來的力，不能引起反作用而只能把反作用蘊於自身的作用中，這些東西在地上力學中絕對不能承認是力，而這力學正是能懂得「力」字作何解的唯一的科學。地上力學之根本條件第一是，拒絕研究衝動之原因（即每次之力的性質）；第二，是力之片面性的觀念，這力無論在什麼地方都是同與他相等的重是對立的：這樣子，同任何一個物體下墜到地面上時所經過的空間比較起來，地球的半徑都等於無限。

現在讓我們更進一步地來看海爾姆何茨怎樣子「客觀化」他在自然定律中的「力」。

在一八五四年，在一個報告中（第一部份第一一九頁）他曾探討過我們太陽系產生時，這原始的星雲球中的「功力藴量」。「實際上，這個球受了很巨大的天賦，雖然是假形於各部相互的萬有吸引力」。這是不成問題了。但是還有一件不成問題的事情，就是這種天賦的重或重力直到現在的太陽系中還依然保留著而未損失絲毫，除了其中很少的一部份曾失去了一些物質，這些物質一去不

復返的被投入宇宙的太空。此外，「這些化學力也應該現成地，準備好去行動；但是，必須有各種不同的份子有最密切的接洽時，這力才能開始行動，因此，在開始工作之前，必須先加以濃化作用」。假若我們同海爾姆何茨同意（見上），而把化學力看作愛力，即是看作吸引力，那末，我們在這兒便應該說，化學吸引力的總量還絲毫未曾損失地保存在現下的太陽系中。

在同一頁上，海爾姆何茨又把猜謎的結果寫出來了，他說，在太陽系中「原始的機械力只餘下四五四分之一了」。這怎麼好同意呢？吸引力，不論是萬有吸引力及化學吸引力都毫髮未損失地保存在太陽系中。海爾姆何茨也並沒有指出其他的，肯定的力之來源。誠如海爾姆何茨所說，這力會做過了巨量的功。但是他並不能因此減少或增加。說到太陽系的每一分子，我們都可以用前次看鏢錶的眼光來看他：「其重量既沒有損失，也沒有減少」。一切的化學原素的命運，都同上面我們所談過的炭素與酸素（養氣）一樣，每一種原素之總量都保存着，而且確確實實地「保存着愛方之原來的數量」。我們失去了什麽東西呢？是那一種「力」能夠發生這樣巨量的功，會大過現在太陽系的功至四百五十三倍呢（根據海爾姆何茨的計算）？對於這個問題，海爾姆何茨沒是給我們任何答覆。而他以後却又這樣寫了：

「我們不知道，究竟是否還有別種的假形於熱的力之蘊藏」。只好對不起海爾姆何茨了，我們必須指出下面一點：熱是一種排拒「力」，因此，他的行動方向逆乎重的方向與化學吸引的方向。

如果兩者是正，那末他就是負。因此，如果海爾何茨用萬有吸引與化學吸引來組成他的那原始的力之蘊藏，那末，此外的力之蘊藏便不應當加到第一個蘊藏上，而應當從第一個蘊藏中減去。假若不是這樣，則當太陽熱把水汽通過一根熾熱的鐵管而將他升入空中時，我們就不得不違反事實而說太陽熱增加了地球的吸引力。或是，當把水汽通過一根熾熱的鐵管時，這鐵管的熱減少了酸素與水素的化學吸引力，但是如果依照海爾姆何茨的話，則應當反乎事實而說加強了化學吸引力。或是換一句話、用較具體的方法來表現這種關係；例如，我們假設星雲球的半徑較大為R，體積較大為$\frac{4}{3}\pi R^3$，溫度較高為T。更進一步，設有另一星雲球，其體質相等，但是半徑較大為r，即是假設$\frac{4}{3}\pi r^3$的體積有t的溫度。很清楚的，只有在第二球的直徑縮減由R縮為r，溫度降低，由T變成t，才能開始與第一者有相等的行動。這樣子，較熱的星雲球比較冷的星雲球要凝結的晚些，這樣看來，熱是凝結濃化的障礙。這樣子看來，根據海爾姆何茨的觀點，熱不是「力之蘊藏」的正，而是負。海爾何茨以為可以把一些排拒運動與吸引運動假形於熱而聯結起來，希望增加他們的總量，這無條件地是他猜謎中的錯誤。

「力之蘊藏」在經驗上是可證明的，在理論上是可能的，我們不妨把他作為一個符號。從此推到更複雜的問題。因為現在我們還不能轉移熱，還不能以等量的吸引力來代替他的排拒力，那末現

在我們只有為着吸引力的兩種形態而完成這個轉移。這時候，我們應該拿星雲球形成時的排拒運動的總量，即所謂能的總量來代替萬有吸引力，來代替化學的愛力，來代替原始時候可能存在的熱。這樣子，我們可以同意海爾姆何茨的計算，他會計算過我們的太陽系在從稀薄的星雲氣開始（假設的）原始的凝結濃化時所得的「燬氣」（die erwärmung）。這樣子，他把所有的「力之蘊藏」都歸入熱，歸入排拒力了，這樣子，再加上一個「熱力之蘊藏」也是可能的了。在這種情形下面，他所作的計算表現一個事實，就是說，在原始星雲球中所含的能，即排拒力，有四五四分之四五三假形於熱而消散於宇宙太空中了；更精確一點說，就是現在太陽系中全體吸引力的總量與全排拒力之總量，其比為四五四比一。但是他這些猜破的啞謎與這些謎語所屬的報告是互相衝突的。

像海爾姆何茨這樣的物理學家對於力之觀念都鬧得如此混亂糊塗，這可以很清楚地證明力在可計力學範圍之外的一切研究中都得不到科學的應用。力學在論到運動之原因時，只論他現成的，並不注意他的來源與發生，而只注意他的行動。因此，假若呼運動之原因曰力，也不能損害此種力學之絲毫。但是，大家就因此而習於把這個稱呼搬到物理學，化學與生物學的領域中去，就不免發生混亂與糊塗了。我們已經看到過這種糊塗了，現在我們還可以看到很多次。關於功這個觀念，我們到下章再談。

運動之兩種尺度

「反之，我直到現在還是相信，那些未曾學過數學的力學的人，不論他如何努力，不論他如何能幹，也不論他自然科學知識的水平是怎樣地高，他都很難了解這一部份的基本觀念」（即「功之根本的物理學的觀念及其不變性」）。「同時還不要忘記，這個抽象是十分特別的。像康德這樣的大思想家也很費了一番力氣才了解了這一點，他同萊布尼茨的爭論可以證明這一點」（參看海爾姆何茨「通俗科學」第二卷的序言）。

這樣子，我們已經走進了一個最危險的境界，同時，又因為時間與篇幅的缺乏，不能使讀者馬上來學習數學的力學。但是，或者能夠指出，當談到觀念的時候，辯證的思攷比起數學的核算來，至少可以弄出一點比較好的結果。

蓋律雷一方面發現了墜體定律，依照這個定律，落下物體所經過的空間與他下落時間的平方成正比例。此外，他又確定了一個命題（據我們看來，這命題與那定律不是完全符合的），說一個物體的運動量（momento oder impeto）決定於他的質量與他的速度，這樣子，如質量不變，則與速度成正比例。笛卡兒採取了這第二個定理，而承認一個運動物體的質量乘速度是他運動的尺度。直到

—143—

現在，在一些泰斗中邊可以找到這種意見，例如湯姆生與台特（Thomson, Tait, 見他們的「科學論文集」）。

胡根（Huygens）已經發現了，在有彈性的物體打擊時，不論在打擊之前或打擊之後，質量與速度平方相乘的總積是不變的，不論何種聯結爲一的物體，在其各種運動之下，這個定律是可應用的。

萊布尼茨看到了笛卡兒的運動尺度與墜體定律是矛盾的。但是，在另一方面，笛卡兒的尺度在許多情形中是正確的，這他又不能加以否認。因此，萊布尼茨就把動力分作死的與活的。例如一個靜止物體之「壓力」或「引電力」都是死力。怎樣去計算他呢？他把這物體由靜止狀態走入運動態度時速度來乘質量，以其積作運動的尺度。至於活力——即物體之真正運動——的尺度則爲質量與速度平方相乘的積。他這個運動之新尺度是從墜體定律中直接引出來的。萊布尼茨說道：「將四磅重的物體舉起一尺，與將一磅重的物體舉起四尺，所費的力是相等的。但是路程與速度的平方是成正比例的，因爲一個物體如果落下四尺，其速度比較落下一尺的速度要快二倍。不過物體在降落時却取得了一種力量」，在這力量的幫助之下。他可以昇至他所從落的同樣高度。所以，這力與速度之平方是成正比例的。（見蘇特氏著「數學史」第二卷第三六七頁）。但是，後來他又證明了運動之尺度 mv 與笛卡兒運動總量不變的定理是矛盾的。因爲，如果這個尺度眞正是可靠的，那末，自然界中的力（卽運動總量）便會經常地增加或是減少。他居然打算製造一個儀器（一六九〇年 Acta

运动之两种尺度

Eruditorum），可作永遠運動的物體，能够經常不斷地產生新的力量，這是很糊塗的。但是在我們這個時候，海爾姆何茨居然還三番四次地來玩弄這個爭辯。

笛卡兒派自然是出其全力來抗辯，於是就爆發了那著名的、延長多年的爭論，康德的第一本著作（Gedanken von der wahren Schätzung der lebendigen Kräfte 1746）便參加了這個論戰，雖然他對這個問題還沒有弄得清楚。現代的數學家對於這個『無結果的』爭論是很輕視的。這個爭論延長了四十年，把歐洲的數學家分成兩個互相敵視的營壘；最後，達蘭拜爾的動力學論文（Traité de dynamique 1743）雖然自命爲符咒，但是也沒有鎭壓了這無益的文字的口角。當時，眞是一切事業都荒費在這口角上了（蘇特氏『數學史』第一卷第三六六頁）。

不過我們覺得，像萊布尼茨這種思想家反對笛卡兒這種人而發生爭論，而康德又這樣子費心力的來參加這個爭論，把他的第一本著作來談這個題目，而且是一本很大的著作——難道這個爭論還是個無益的口角麼？而事實上運動的尺度是有兩個的，一個與速度成正比例，一個與速度的平方成正比例，這令人怎樣去了解他呢？蘇特（Suter）太看輕了這個問題了：他說：『兩者都是正確的，而兩者又都是錯誤的；』『活力』一名詞直保留到現在；但是現在已經不把他看作力之尺度，地作了力學中很重要的，大家公認的，質量與速度平方之半二者相乘之積的代名詞』。這樣子，簡單

mv 依然是運動的尺度，而活力也者不過是 $\frac{mv^2}{2}$ 的另一表現，而這第二個公式所能告訴我們的只是

—145—

他在力學中很重要，但是我們究竟不知道他有何種涵義。

現在我們把救命的「動力學論文」拿來，注意地看看達蘭拜爾在序言中的「符咒」。文中說道，這個問題不值得注意，因為「他對於力學完全無用」。對於純粹可計力學中，完全是如此，關於這一點我們在上面蘇特的話中已經看見了，因為在純粹可計力學中，這個字只是一個代數公式的特殊表現，特殊名稱，在這名稱之下，你不能思想出任何東西。但是許多大學者都研究這個問題，所以他還願意在序言中稍稍談一談他。假若我們能加以正確的思攷，則當我們來思想運動物體之力時，我們只能把他看作一種克服障礙或抵抗障礙的能力。這樣子看來，不能用 mv 來度量力，却只能用 mv^2 來度量他，即是用障礙與他們的阻力來度量他。

但是障礙却有三種：：（一）不能克服的障礙，他能够完全毀滅運動，因此，我們現在不來談他：：（二）有一種障礙，其阻力足够排擠運動，他的來臨是突然的，這種情形是均衡：：（三）有一種障礙只能慢慢地阻止運動，這種情形是運動的延綏。「假若有兩個物體，他們的質量與潛隱速度（即他們將要運動的速度）相乘之積相等，則這兩個物體之間便會有一種均衡存在，這是大家所公認的。因此，在均衡之下，質量與速度之積——或是運動量，意思是一樣的——也就是力。在運動之延綏（即減速）中，可越過的障礙之數目與速度之平方是成正比例的，這也是大家所公認的。一個物體，假若在某種速度之下可以壓下一個彈簀，那末當速度增加二倍時絕不是壓下兩個彈簀，

而是可以壓下四個彈簧；假若速度增加三倍，則可壓下九個彈簧，依此類推。於是活力論之徒（萊布尼茨之信從者）便從此得到一個結論說，眞實運動的物體之力與質量乘速度平方之積成正比例。假若想在淸楚觀念之下討論問題，那末就應該把「力」這個字了解爲克服障礙或抵抗障礙時的效（L'ef-fect）」（達氏著作第一版序言第十九至二十頁）。

但是達蘭拜爾太哲學家了，他不曉得，他這漫不經心地來對付那一個力的兩種尺度之間所存的矛盾，是不成功的，因此，他在實際上是重複了萊布尼茨的話——因爲他的均衡（equilibre）不是別的，正是萊布尼茨的「死的壓力」——，但是他突然間又跳到笛卡兒派那邊去了，於是就做出如下的結論：即在減速運動時，mv 依然可以作力的尺度，「假若在這時不用障礙之絕對數量，而用這些障礙之阻力總和來度量力。因爲，阻力之總和同運動量 mv 成正比例，這是無可懷疑的。因爲，物體在每一瞬間所損失的運動量與阻力及無限小的時間相乘之積成正比，阻力之總和必然等於全體阻力，這也是無可懷疑的」。這第二個計算法據他看來是比較自然的，「因爲，無論何種障礙，只有當他發生阻力時，才能算是障礙，而照實講來，阻力之總和也就是可克服的障礙。此外，假若我們這樣來確定力，我們有一種便易，就是，我們得到了一個均衡與減速運動之下的共同尺度」。但是每一個人都有資格依照他所願意的來思想。他想用數學的方法來結束這個問題

（蘇特也這樣子認識了），所以他在他的論述的結尾時做了一個很不高明的指示，論到他的前輩的思想之糊塗，他說，在上面諸點指出之後，如果再有討論，那只是一些完全沒有結果的文學討論，或是更次一等的咬文嚼字的口角。

於是達蘭拜爾的和解企圖便引出了下面的計算：

質量一，具有速度一，在一個時間單位內，依然是兩個彈簧。

質量一，具有速度二，壓下四個彈簧。

質量一，具有速度三，在三個時間單位內壓下九個彈簧，即是說在一個時間單位內壓下三個彈簧。

這就是說，如果我們把行動依他所需要的時間而分開，則我們就會從 mv 重新回到 mv 來。他說，一個有速度二的物體，比有速度一的物體，事實上能抗重舉起高出四倍。但是，因此却需要二倍的時間。所以，假若把運動量分配到時間單位內，則 d=2 而非=4。這樣子看來，蘇特却把「活力」（lebendige kraft）這個名詞的一切邏輯意義都取消了，而只剩下他的數學意義。這也是很自然的。因為蘇特想拿 mv 這個公式來作運動之唯一尺度，所以在邏輯上不得不犧牲 mv 以求在天國中復活

—148—

那已經變了形的數學家。

但是，無論如何，卡特崙的辯駁實作了溝通mv及mv^2的橋梁，所以還有相當的意義。達蘭拜爾的後繼者，那些力學家，絕對沒有用過他的符咒，因為他的結語利於以mv作運動的尺度。他們都維護他的（實際上是萊布尼茨所作的）死力與活力的分別。雖然這種分別在大體上是正確的，但是用在上面的形式去分他，也不能比一位下級軍官有名的分別更有邏輯的意義：那軍官說，在服軍役時總是「向我」（mir），在退伍時總是「為我」（$mich$）。但是他們默不作聲地採納了這個分別；這分別是存在的，我們不能變更他，但是，當這種雙料的尺度含有矛盾在時，我們將怎裏辦呢？

例如，湯姆生與台特在「自然哲學論文」（A Treatise on Natural Philosophy 牛津一八六七年版）的第一六二頁中寫道：「一個不作旋轉運動的剛體，其運動量或動量（momentum）是與質量或速度之積成正比例的。兩倍的質量或兩倍的速度必然也符合一個兩倍的運動量」。而馬上又寫道：「一個運動體的『活力』（vis viva）或動能（kinetic energy）與其質量乘速度平方之積成正比例」。

他們竟以如此蠢笨的形式而把兩個五相矛盾的運動尺度並列起來，而且絲毫不打算去解釋這個矛盾，甚至不打算彌縫這個矛盾。在這兩位蘇格蘭人的著作中，停止了思致，只有計算。無怪乎兩

人之中台特是個蘇格蘭教派之最忠實的信徒。

在克爾何夫（Kirchhoff）的關於數學的物理學的演講中，我們也遇到了 mv 及 mv² 這個公式，但絕對不是這個樣子。

海爾姆何茨或者可以幫我們的忙。他在他那論能量不滅的著作中，打算用 $\frac{mv^2}{2}$ 來表現活力，關於這一點我們以後還要談到的。後來在第二十頁及以後諸頁中他曾很簡短的計算過去承認或應用活力（即 $\frac{mv^2}{2}$）不滅的原理的次數及情形。後來第二號的一段也歸到這一點：「沒有彈性體之摩擦與衝擊時，不可壓的剛體或液體之運動移渡。在這種情形之下，我們的普通原理便表現爲下述的法則：可因機械力而移渡或變換的運動經常地把得之於速度者，失之於力之強度（kraftintensität）。由此我們可以設想，有一物體 m，在機器（機器在某一過程中可以均匀地產生功力—arbeitskraft）幫助之下以 c 的速度上昇起來，這時在另一機械力幫助之下也可以昇起物體 nu，但是速度只有 $\frac{c}{n}$，那末，在這兩個情形中我們都可以用 mgc 來計量每一時間單位機器所生的緊張力（spannkraft）之數量，這時以 g 代表重力的強度」。

這裏我們又遇到一個有內在矛盾的斷語，說以速度爲正比例以遞減或遞加的「力之強度」應該聲明以速度平方爲正比例而遞減或遞加的力之強度的保留（不滅）。

此外，在這裏又可以看到 mv 與 mv² 決定兩個完全不同的過程。但是這一點，我們老早老早已

經曉得了，因為除非是 v=1，mv 與 mv² 都不會相等。然而我們自己却因該弄清楚，運動怎樣會有兩種尺度，這在科學中是不准有的，正如在商業中一樣。我們現在試試走別的路子，看看能否達到這一點。

這樣子，mv 可以度量「可由機械力移渡或變化的運動」。這個尺度可以用到槓桿上去，又可以用到槓桿的一切引伸形態上，如輪子，螺旋等等。約而言之，可以應用到一切移渡運動的機械設備。但是只要一個非常簡單的而且頗不新鮮的意見就可以表明，不但 mv 在這裏可以發生作用，即 mv² 也同樣地可以發生作用。試舉一椿機械設備為例。例如一支槓桿，其支點兩旁長度之比為四比一，那末，在這槓桿上一克羅格蘭姆就可與四克羅格蘭姆等重。同一增加的力在槓桿之另一端將四克羅格蘭姆舉起五個米突。這時體積與速度是成反比例的。此時重物舉起時與輕物舉起時所費的時間是相等的。mv, 1×20=m'v', 4×5。現在，將每一件物體個別地提起，然後將他們放下。使他們自在地下落到原來的水平。則一克羅格蘭姆重的物體通過二十米突的空間時（我們為着簡便起見，把加速的九·八一米突改作十米突）速度為二十米突：另一個四克羅格蘭姆的物體通過五米突的空間時速度為十米突。這時 mv²=1×20×20=400=m'v'²=4×10×10=400。反之，下落所用的時間則有差異：四克羅格蘭姆通過他的五米突時費時一秒，而一克羅格蘭姆通過二十米突時費時二秒。不用說了，

我們用事應該把空氣摩擦與空氣阻力的影響除外。

此後，當每一個物體落至他原有的高度時，他的運動便停止了。這樣子，在這個地方，mv 是簡單移渡與簡單繼續的運動之尺度，而 mv 則為消滅了的機械運動之尺度。

而進一步來看完全有彈性的物體受到打擊時，其力也是一樣：不論在打擊之前或打擊之後 mv 與 mv 的總量都是不變的。在這裏，兩個尺度有一樣的意義。

這次已經不是我們以前觀察過的無彈性的物體之打擊了。現在一般的初級教科書（高等力學是不研究這些小問題的）都認為，無論在打擊之前，或打擊之後，mv 都是不變的。然而却因此而使 mv^2 受了損失，因為，如果把打擊前的 mv^2 的總量中減去打擊後的 mv^2 的總量，則必有正號的餘數，這個數目（或是他的半數，看各人的觀點如何）便是活力因五擊二體之五入與變形而損失的數量。這第二點是很清楚的。而第一個論斷說在打擊之前與打擊之後 mv 是不變的，這就不很清楚了。與蘇特的意見不同，活力正是運動，他的一部份既然損失了，那末運動自然也損失了。這樣子看來，或是 mv 不能正確地表現運動轉變的觀念，那時代還沒有看到這份損失，非到萬分不得已時不願意承認機械運動之消逝。在任何時候都沒有看到損失，在任何地方都沒有看到這份損失，就根據這一點來證明打擊前與打擊後的 mv 是相等的。但是一個物體如因其無彈性而發生了內在的摩擦，因此而耗失了活力，

—152—

那末也就會因此而損失了速度，果真如此，則打擊後之 mv 應該少於打擊前之 mv。當我們計算 mv，我們很確定地算上了內在的摩擦，假若我們在計算 mv 時而忽略了他，那不是太糊塗了麼？

然而這並沒有什麼意思。即令我們承認了這個定理，站且認爲打擊後 mv 的總量沒有變化，假若我們這時來計算打擊後的速度，則依然可以發現 mv 的總量是減少了。這樣子，在 mv 與 mv^2 之間有了衝突，這衝突表現在實際上消失了的機械運動之差異上。而計算本身就可證明，mv 與 mv^2 之地表現了運動量，而 mv^2 正確地表現了運動量。

上述這些情形差不多都是力學中運用 mv 時的情形，現在我們來看一看運用 mv^2 時的情形。例如一顆礮彈，當他從大礮中射出時，不論他是否能打着固體的靶，或是因空氣的阻力與重力的關係而停止運動，而他在飛行時的運動量總是與 mv 成正比例的。如果一輛火車同另一輛停着不動的火車碰着了，則互擊力與其相當的破壞亦必與其 mv^2 成正比例。同樣地、我們在計算克服若干阻力所必要的機械力時，我們也要應用 mv^2。

但是，老實講來，物理學家用得這樣肯泛而又如此方便的語句，即若干阻力之克服一語究竟是什麽意思呢？

當我們舉起一個重物時，我們必須克服重力之阻力，而因此也就耗失了若干運動量，耗失了若干機械力之量，等於這上昇物體直接或間接下落至原來的水平時所創造出的運動量或力量。物體下

落時最後之速度之平方乘質量，其積之半即 $\frac{mv^2}{2}$ 可以度量這運動量。重物舉起時之情形究竟怎樣呢？機械運動，或是那所謂機械力是消逝了。但是他並沒有變作了零。他像海爾何茨所說，變成了內蓄的機械力，現在最新的理論家稱之曰勢能（Die Potentielle Energie），克勞西斯（Clausius）則名之曰愛爾卡爾（Ergal）；他在每一瞬間都可用力學所可能的方法變成等量的機械運動，又可重新變過來，這數量亦必等於勢能產生時所需要的數量。勢能即活力之反面表現，反之亦如是，活力也是勢能的反面表現。

一顆二十四磅重的礮彈以每秒四百米的速度打在一隻裝甲戰艦的一米厚的金屬裝甲上面：這時他對戰艦的金屬甲必然不能引起顯著的影響。這樣子，便消逝了一個機械運動，其量等於 $\frac{mv^2}{2}$，二十四磅等於十二克羅格蘭姆，這樣算來，運動量便等於 $12 \times 400 \times 400 \times \frac{1}{2} = 960,000$ meterkilogramm（米突克羅格蘭姆）。這些運動量究竟到那裏去了呢？其很小的一部份引起鐵甲之振動，因而生出鐵甲中的分子變動。另一部份把礮彈炸成無數的小片。其最大的一部份則變成了熱，把礮彈燒到了熾熱的溫度。當普魯士人在一八六四年到了亞爾辛（Alsen）時，貧用他們的重礮去轟擊羅夫克拉克（Rolf Krake）的鐵甲，每一礮擊中時，他們就能看在黑暗中看到突然閒爆裂的礮彈之火光。惠特屋茨（Whitworth）早已用實驗證明了，打到鐵甲上的開花彈不要另裝引火，因爲熾熱的物體自己可以燒起彈中的炸藥。如果我們以四二四米突克羅格蘭姆爲一熱力單位之機械力等量，則上面

运动之两种尺度

所計算過的機械運動量便合成二，二六四個熱單位。鐵之比熱(spezifische warme)為 0.114：則每一熱單位，即將一克羅格蘭姆的水加溫到攝氏一度的熱力，能將 $\frac{1}{0.1140}=8.772$ kg 的鐵加溫到攝氏一度。那末，上面的二，二六四個熱單位則可以增加一克羅格蘭姆的鐵以至 $8.772\times 2264=19,860$ 度（攝氏表），或是能將一九，八六〇克羅格蘭姆的鐵加溫至攝氏一度。假若我們將這熱度平均地分配於鐵甲與礮彈之間，則礮彈的熱度當為 $\frac{19,860°}{2\times 12}=828$ 度（攝氏表），這已經很熱了。但是礮彈之前一半，即擊着鐵甲的一半卻自然而地取得了熱之大部，大約前部的熱兩倍於後部，前部熱度為一，一〇四度（攝氏表），後部的熱度為五五二度（攝氏表）。這已經很夠解釋爆裂現象了，即使我們把一部份扣出來歸之於打擊時的機械功(mechanisch werk)也沒有什麼妨礙。

在摩擦的時候，也消逝了機械運動，但是他又假形於熱而出現了。我們知道，朱爾(Joule)在曼契斯特，古爾丁(Colding)在哥本哈根都會借助於兩個過程之最精確的測驗，首先用試驗的方法，大約地確定了熱力的機械等量。

同樣地，我們借助於機械力（例如蒸汽機器）在電磁機器中取得電流時，也完全是這種情形。在某一時間內所產生的電動力之量與在同一時間內所耗費的機械運動之力成正此例——如果能用同一的尺度來量他們，他們就會相等。我們也可以設想，不用蒸汽機來生出電動力，而用受重力支配的重體來生出。這重體所產生的機械力可以用他從那種高度自由下落時所得到的活力去度量，或

是用他回轉到原來的高度時所必須的力去量他，就是說要用 $\frac{mv^2}{2}$ 去量他，在這兩種情形之下都是如此。

這樣子看來，一個機械運動在實際上有兩種尺度，但是，我們相信，每一個尺度只能用於某一固定範圍內的現成的現象中。假若有一個現成的機械運動，在轉變時依然變成機械運動，則應依照質量乘速度的公式。如果在運動之移涉時消逝了機械運動，却又假形於勢能，熱，電等以復起，總而言之，如果他變成了別種形態的運動，則新形態運動之量必與原來運動的質量乘速度平方之積成正比例。總而言之 mv ——這是可用機械運動度量的機械運動：$\frac{mv^2}{2}$ ——這一種機械運動可以用他能夠轉變為一定數量的別種形態運動之能力去測量。這樣就可以看出這兩種尺度並沒有什麼相互矛盾，因為他們的性質是互異的。

這樣子看來，已經很清楚了，萊布尼茨與笛卡兒派的爭論並不是無益的咬文嚼字的口角，而達蘭拜爾的符咒實際上沒有發生任何作用。老實說達蘭拜爾不應當喋喋不休的來取笑他的老前輩，說他們的觀念不清楚，因為他自己的見解也不見得怎樣清楚。實際上，這個問題永遠是一筆糊塗賬？除非到了弄清楚了的機械運動到什麼地方去了一問題之後。但是現在的數學的物理學家都像蘇特一樣死守着他們專門科學的四壁，所以他們的腦筋也同達蘭拜爾的腦筋一樣，永遠糊塗，〔他們也只能以其空洞的矛盾的冒語來答覆我們的誤會。

機械運動變成別種形態的運動時，在數量上成正比例，現代的力學家又怎樣表現這件事實呢？

力學家說，這運動產生功，如此這般多的功。

但是在物理學的意義上講來，功的概念並不能包盡這件事實的內容。我們如用蒸汽機，或熱力機，則熱可以變成機械運動，就是說分子運動可以變成物體運動，如果熱可以分解化學的化合物，如果他在熱電堆中可以變作電，如果他在電流中能把水的原素從硫酸液中分出來，反之，如果一個電堆的化學過程中所解放出來的一個運動——那末，在一切現象中，一個運動形態開始了一個運動（即是能）能夠變成另一個過程，後來又因此過程而變為別種形態的運動，這就是這個運動完成了功，這功的量亦必與他本有的量成比例。

這樣看來，所謂功者，就是從數量方面來觀察的運動形態之變化。

那末，當一個被舉起的重停止在高處不動時，他的勢能是否能算是靜止時的運態形態呢？不成問題。甚至台特都相信，這勢能終久會變成實在運動（見其「自然哲學論文」——譯者）。克爾何夫走得更遠了，他說：「靜止——這不過是運動的特殊情形」（見其「數學的力學」第三十二頁），由此可見，他不但能核算，而且能依照掃證法來思攷。

這樣子說來，我們在運勁中的兩個尺度的探討中，隨隨便便地，並不費力地，就得到了功的概念，然而他們卻都說，不懂得數學的力學這概念是很難取得的。但是無論如何，我們現在對他的知

《自然辯証法》中外文稀有版本文獻

識較之海爾姆何茨「能力不滅論」的報告（1862）已經比較多了，——他這報告的目的正是「儘能清楚地描出功及其變化之根本的物理學概念」。關於功這個問題，海爾姆何茨說些什麼東西呢，不過是說，功是可用尺磅去表現，或是可用熱之單位去表現的東西，說每一定量的功，其尺磅數與熱單位數是不變的：此後，又說，除了機械力與熱之外，化學力與電力也能產生功，但是當這些力產生了真實的功之後，他就耗盡了他的工作能力了；由此推論，則無論自然界中發生何種變化，全宇宙中能够行動的力之總量是永存的，是不變的。功之觀念並不是海爾姆何茨發揮的，而且也不是他奠定的（註）。功量之不變遮着他的眼睛，使他看不到一個事實，看不到一切物理功之根本條件是性質的變化，是形態之變換。因此海爾姆何茨才說：「摩擦與無彈性碰擊——在這兩個過程之下，機械功消滅了，熱逐代之而生」（「通俗講演」第二集一六六頁）。恰恰相反，在這兒，機械功並沒有消滅，在這兒，產生了機械功。在這兒，機械運動之消滅，只不過是表面上的情形。但是這機械運動如果在表面上不消滅，他如果不變成別種形態的運動，那末，他無論在什麼地方，無在什麼時候，連百萬分之一米突克羅格蘭姆的功都不能產生。

（註）馬克思威爾的成績也不見得怎樣更好。馬氏說：「當阻力克服之後，功就產生了」（見「熱學理論」，Theory of Heat，一八七五年倫敦第四版第八十七頁）在第一八四頁。他又說：「一個物體的能，便是他產生功的能力」。完了，這就是我們所知道的馬克思威爾關於功的學說。

运动之两种尺度

我們已經看到，某一定量機械運動內所含的產功的能力，我們名之曰活力，一直到最近大家都用 mv^2 去度量他。但是，在這兒又生出了一個新的矛盾。試聽海爾姆何茨怎樣講法（「力不滅論」第九頁）。他說：「功之數量可借助於 m（一個被舉起的物體）H（被舉之高度）來表現他：如果我們用 g 來代表重力，則功之量適等於 mgh。假若物體 H 高舉至 h 的高度時需要的速度為 v，這速度是他轉回下落時所能得到的，$v=\sqrt{2gh}$。這樣看來 $mgh=\frac{mv^2}{2}$。海爾姆何茨也打算「用 $\frac{mv^2}{2}$ 的量作活力的量，因此他與功量之尺度也是相同的。若依照向來活力概念的見解看來，則這個變動實無任何意義，但是，他對於未來卻有一些切切實實的裨益」。

我們很難相信耳朵。海爾姆何茨在一八四七年時，對於活力與功之相互關係一問題，還不大用心去想，他完全不知道他把舊有的活力之比例尺度，變成了絕對尺度，他完全不懂得他這勇敢的一跳造成了何等巨大的發現，他應用了 $\frac{mv^2}{2}$ 的公式，他說這個公式較之 mv^2 較為方便。也就是因為有了這個方便作理由，所以力學家才承認了 $\frac{mv^2}{2}$ 的公民權。後來才慢慢的用數學的方法證明了的公式：納曼（Naumann）在「普通化學」第七頁中給了代數的證明：克勞西斯在「力學的熱力論」第二章第十八頁中給了分析的證明，同樣的證明又可遇之於克爾何夫處，不過變了樣子，換個演繹法而已（見前引著作第二十七頁）。馬克思威爾由 mv 演出很漂亮的代數結論 $\frac{mv^2}{2}$（見前引馬氏著作第八十八頁），然而我們兩位蘇格蘭人卻仍然毫不在乎，咬死說（見前引爾氏著作第一六三

—159—

頁)："「活力」還就是一個運動全體的勁能，他與質量乘速度平方之積成正比例，假若我們還用上面的質量單位，——以某種速度單位而運動之質量單位——那末以質量乘速度平方，以其積之半來決定勁能，還是特別方便的¹。這兩位蘇格蘭的力學家在這個地方不但不必於恩致，而且不必於核實。主要的論據是特別方便（Particular advantage），是公式的方便。

我們相信，所謂活力並不是別的東西，卻是某一些定量的機械運動產生功之能力，因此我們當然承認，他的作功能力在機械尺度中的表現及其所產生的功量應該相等。因此，如果 $\frac{mv^2}{2}$ 可作功的尺度，那末，這同一的 $\frac{mv^2}{2}$ 也就可作活力的尺度。這也是科學發展所走的道路。理論的力學得到了活力的概念，工程師的實驗力學又得到了功的觀念，而使他與理論家發生關係。但是計算的習慣損害了理論家的思想能力，所以有很多年中，他們都未能了解這兩個概念之相互關係，量這一個時用 $\frac{mv^2}{2}$ ，然而還不是為了瞭事實的真象，只是為了計算的方便。

〈譯者者 本章中將 kraft——force 譯作力，energie 譯作能，potential en‹rgy譯作勢能，kenetic energy 譯作動能，arbeit, werk, work 三字譯作功，effect 譯作效，momento 譯作運動量或動量！